KB054004

나는 공인중개사다!

나는 공인중개사다!

부동산 중개 시장
브랜드 마스터들의
생생한 중개 실무 이야기

강우진, 고경록, 김명선, 김명용, 김성인, 김홍철
민경관, 안상화, 엄대식, 이은정, 이지영, 이충신
이효돈, 이희경, 정서연, 정지윤, 최영훈 지음

매일경제신문사

차 례

PART 03

부동산 경기와 무관한 용기와 노력 / 김명선

PART 04

부동산 중개는 종합 예술이다 / 김명용

PART 05

중개업 선택의 참고 사례 / 김성인

PART 06

고객의 마음을 얻어라 / 김홍철

PART 11

인생 후반전 중개 스토리, 정년은 내가 만든다 / 이지영

PART 12

나무보다는 숲을, 변화에는 민감하게 / 이충신

PART 13

관찰과 묘사, 부동산 상품 기획의 시작입니다 / 이효돈

PART 14

공인중개사는 소신과 신뢰입니다 / 이희경

PART 15

역전의 여왕, 블로그와 유튜브로 입지를
뛰어넘다 / 정서연

PART 16

역이민 후 선택한 직업 공인중개사, 후회 없기
위해 오늘도 나는 도전한다 / 정지윤

PART 17

중개업보다 더 큰 꿈을 이루게 해준
유튜브 / 최영훈

PART 01

중개업 이전의 경험을
고객 솔루션으로 승화시키다

강우진

공인중개사, 부동산개발전문인력, 특급건설 기술인,
토목기사, 건설재료시험기사

현) ㈜아이엔
현) ㈜아이엔부동산중개법인(인천광역시 부평구)
현) ㈜차장
전) 택틱스어학원
전) 서울교통공사
전) 포스코건설

인하대학교 부동산학 석사 졸업
아주대학교 건설시스템공학 졸업

홈페이지
• 임차in : imcha-in.com
• 중개in : realtor-in.com
• 렌트윈 : rentwin.co.kr
• 전세역전 : rent4u.co.kr
이메일 : kangwoojin@imcha-in.com

1. 간단하게 자기소개를 부탁드립니다

대학에서 토목을 전공하고 토목 기술직으로 포스코건설과 서울메트로(현, 서울교통공사)에서 10년간 근무했습니다. 이후 교육사업(어학원)의 성공을 바탕으로 2014년부터 주택공급업체를 운영하며 2016년 공인중개사 자격증을 취득하고, 2018년 분양대행업과 2019년 공인중개사 사무소를 개업하며 본격적으로 중개업을 시작했습니다.

2. 부동산에 관심을 갖게 된 이유와 계기는 무엇인가요?

지금에 와서 생각해보면 살아오는 내내 자연스럽게 부동산에 노출되어 있었습니다. 포스코건설, 서울교통공사에서 토목 엔지니어로 일하며 황무지가 택지로 변하고, 각종 구조물이 지어지는 놀라운 과정에 참여할 수 있었습니다. 그뿐만 아니라 현장에서 많은 사람들과 소통하며 건설업을 통해 얻을 수 있는 수익이 매우 크다는 사실을 알게 되었고 2014년, 모아두었던 자금과 대출을 활용해 다중주택을 지어 공급했습니다. 대학 시절부터 건물을 지어 시행하고 싶다는 생각을 가지고 있었고, 예상보다 빠르게 기회를 만들어 실행에 옮길 수 있었습니다. 토목공학을 전공하고 엔지니어로 일했던 만큼 건물을 짓는 과정에 필요한 지식(자재 단가, 견적 등)을 갖추고 있었기 때문에 망설임이나 큰 어려움은 없었습니다.

3. 공인중개사 자격증에 도전하게 된 이유와 계기는 무엇인가요?

근린생활시설, 다중주택 등 총 7채를 시행, 신축 또는 리모델링을 해서 분양했습니다. 처음 시행했던 주택의 성공적인 분양으로 '건물은 짓기만 하면 다 팔리는 것'이라고 생각했습니다. 하지만 당시의 저는 금융, 분양 및 중개에 대한 지식과 거시 경제에 대한 이해가 부족했고, 결국 건물 일부를 팔지 못해 빚을 떠안게 되었습니다. 당시 건물 중개 과정에서 특정 중개인(알고 보니 공인중개사가 아니었더라고요)을 너무 믿었던 탓도 있었습니다. 그 사람은 건물을 팔아주겠다며 무리한 돈을 요구하고는 중개를 해주지 않았습니다. 이러한 일을 겪은 후에 직접 부동산 중개업을 운영해야겠다는 마음으로 공인중개사 자격증에 도전했습니다.

4. 자격증 합격 이후 중개업은 어떻게 진행이 되었나요?

절박한 마음으로 공부를 시작하고 하루 17시간가량 학습해 약 100일 만에 합격했습니다. 시험에 합격한 이후에는 실제 현장에서 필요한 지식을 습득하기 위해 중개 실무, 민법, 공법을 전문적으로 배우며 부족한 부분을 채워나갔습니다. 특히 중개 실무 관련 판례를 많이 참고했는데, 혹여 내가 하는 중개 행위가 불법적이거나, 다른 사람들에게 피해를 주면 안 된다는 생각 때문이었습니다.

내가 맡은 일은 남한테 일부 맡기더라도 전 과정을 세세하게 알아야 한다고 생각했습니다. 단적인 예로 시행, 시공 시에 현장 내 쓰레기 처리부터 마감 공사까지 전 과정에 관여했을 정도로 전체를 정확히 파악하고 있어야 안심하는 성격입니다. 그래서 일의 일부를 남에게 맡기더라도 전 과정을 제대로 알고 진행할 수 있도록 공인중개사 자격증 시험에 합격한 이후 2년 동안 부동산 관련 공부에 많은 시간을 들였습니다. 또, 중개 실무 현장에서 일하는 시간이 길어질수록 더 많은 것을 배우고 전문지식을 활용할 수 있어야겠다는 생각에 대학원에 진학해 거시경제 및 각종 부동산 정책 관련 학습을 이어갔습니다. 당시 다양한 부동산 정책이 쏟아졌는데, 정책이 발표될 때마다 교수님들의 세세한 정책 분석 강의를 들으며 필기한 내용을 공인중개사 사무소 블로그에 게시했습니다. 이 시기에 업로드한 포스팅을 보고 많은 분들이 연락과 방문이 이어졌는데, 정확한 분석 내용을 꾸준히 업로드한 것이 '이 사람에게 중개를 맡기면 믿을 수 있겠다'라는 인상을 주었던 것입니다. 나중에 깨달았지만 부동산 정책 분석 포스팅이라는 어쩌면 사소했을 그 행동이 고객들에게 사무실을 알리고 신뢰를 쌓은 훌륭한 브랜딩 과정이었던 것입니다.

5. 부동산 중개 시장과 부동산 투자 시장을 바라보는 자신만의 시각을 말씀해주세요

공인중개사는 업무를 개시하기 전에 부동산의 본질에 대한 지식을 습득해서 일반인들과는 차별화된 전문성을 확보할 필요가 있다고 생각합니다. 그래서 중개업을 시작한 이후로 경쟁력을 높이기 위해 쉬지 않고 공부하며 학습 활동을 이어갔습니다. 부동산학 석사 과정을 졸업한 이후 관련 분야 책을 출간했고, 다양한 중개 실무 교육을 수강하며 3~4개월 동안 몰입해 중개 관련 판례를 학습했습니다. 이러한 과정을 겪으며 중개업의 성공을 위해서는 자격증 시험공부보다 합격 이후의 전문성 함양을 위한 학습이 훨씬 더 중요하다고 확신하게 되었습니다. 이는 이후 '공인중개사 수습교육센터, 중개in lounge'를 설립하게 된 모티브가 되기도 했습니다(한국공인중개사협회와 제휴).

공인중개사는 단기 투자에는 유리할 수 있습니다. 자신이 영업하고 있는 지역의 부동산 시세를 정확하게 알고 있고, 가장 먼저 급매물을 접할 수 있는 만큼 (직접 거래에 대한 논란은 차치하고) 급매물을 매입하고 처분해서 시세 간 차익을 벌어들일 수 있기 때문입니다.

하지만 장기 투자의 경우 공인중개사가 특별하게 유리하지는 않기 때문에 더 많은 공부가 필요합니다. 제 경우만 하더라도 가족 이름으로 취득한 다른 지역의 분양권 수익이 더 컸습니다. 부모님 명의로 남양주 별내 신도시에 있는 아파트 특별공급에 도전해 2대 1의 경쟁률(일반 경쟁률 203 대 1)로 당첨이 되었는데, 당시에는 인천에 거주하면서 남양주에 있는 아파트에 청약(특별공급)이 가능했음에도 이 사실을 아는 사람이 많지 않았습니다. 중개업에 종사하면서 항상 부동산 정보에 관심을 두고 매일 확인하는 과정에서 기회를 포착할 수 있었습니다.

6. 자신만의 영업 노하우와 마케팅 비법을 알려주세요

공인중개업은 사무실 인근 반경 100~300m 지역을 데이터로 파악하고 개개인 사정을 속속들이 아는 지역전문가가 되어야 합니다. 실제로 저는 사무실이 자리했던 관할 지역의 부동산 등기부등본을 전부 다 열람했습니다. 등기부등본을 열람한 이후에는 소유자가 거주하는지, 임차인이 거주하는지 파악해야 합니다. 또한 상가의 경우에는 권리금이 얼마인지, 각 점포의 매출규모 등을 훤히 꿰고 있어야 합니다. 그래야만 지역의 고객 니즈를 쉽게 파악할 수 있으며, 중개의뢰인이 방문했을 때 즉각적인 정보전달로 신뢰를 형성할 수 있기 때문입니다. 예를 들어, 사무실 인근 지역에 70~80대 노인 인구가 많다고 가정했을 때, 대부분의 매도인들은 멀리 이사하는 것을 원치 않습니다. 따라서 인근 지역에 해당 고객이 거주할 만한 매물을 여럿 확보해 빠르게 매물정보를 브리핑하는 것이 좋습니다. 반면, 동탄신도시처럼 젊은 층이 많이 사는 곳이라면 오전 10시부터 11시 반 사이(자녀 등원 시간)에 지역주민들과 함께 부동산 스터디를 진행하는 것도 방법이 될 수 있습니다. 정보를 교환하기 쉽고, 이후 온라인 카페 등 지역 커뮤니티 내 중개사무소를 홍보할 때도 유리합니다.

7. 여러 직원을 고용하고 사무실을 운영할 수 있는 팁이 있나요?

직원 수에 따라 운영 방법이 구분되어야 합니다. 혼자 근무하거나 직원 1~2명 정도의 소규모 사무실을 운영할 때는 성실함, 부지런함 등이 중요합니다. 저는 직원들에게 매일 해야 할 일을 정해주고 그 일을 반드시 처리하게 했습니다. 예를 들어, '100점을 채우고 퇴근하겠다'라는 목표를 수립하고 손님과 미팅을 하는 것은 10점, 광고는 5점, 분양 현장 답사는 3점 등으로 계산해서 절대적인 업무량을 채우고 퇴근하는 방식입니다. 일하는 시간과 매출이 반드시 비례하는 것은 아니지만, 반복적으로 처리한 루틴이 쌓이며 매출에 영향을 줄 수 있기 때문입니다.

규모가 커지면 시스템 운영이 매우 중요합니다. 체계적인 시스템을 바탕으로 직원들이 안정감을 느낄 수 있도록 하고, 그 안에서 개개인이 역량을 발휘할 수 있도록 환경을 조성해야 합니다. 저는 '교육'을 시스템의 핵심으로 삼았습니다. 과거 교육업에 종사했던 경험(시나공토익 저자, 택틱스어학원 원장)을 중개업에 접목해, 직원들에게 중개사고 방지를 위한 영업 교육부터 부동산 정책 변화, 임대차 계약 관련 보증보험 가입 조건 및 약관, 임대사업자 혜택 및 조건, 다양한 대출 기준 등 부동산 실무와 관련된 전문 지식까지 빠짐없이 교육했습니다. 직접 교육하기 어려운 영역은 관련 분야 전문가(세무사, 법무사, 상가임대차 분쟁조정위원, 부동

산학과 교수님 등)를 초빙해서 주기적으로 특별 강연을 개최했습니다.

대표가 끊임없이 공부하고 발전해 직원과 '초격차'를 이뤄내는 것도 중요합니다. 직원들은 더 이상 대표로부터 배울 것이 없다는 생각이 드는 순간, 개업을 결심하게 됩니다. 직원과 초격차를 유지할 때, 직원들이 나를 멘토로 여기고 좇아야 할 대상이라고 생각합니다.

8. 향후 투자 및 중개에 관한 계획을 말씀해주세요

그동안 부동산 업계에서 겪은 다양한 경험을 바탕으로 부동산 시장의 여러 문제를 해결할 수 있는 플랫폼을 개발해 해결 방법을 찾는 데 집중할 계획입니다. 2021년 프롭테크, ㈜아이엔(http://imcha-in.com)을 설립해 세입자 보호 플랫폼 '임차in'을 출시하며 투자 유치뿐만 아니라 회사 가치도 빠르게 성장하고 있습니다.

또한 역전세 문제를 예견해 2021년 서비스를 기획, 상표등록을 마쳤으며 실제 역전세 문제가 발생하기 시작한 2022년 말부터 시장 상황을 면밀하게 분석해 2023년 11월 역월세 매칭 플랫폼 '전세역전(http://rent4u.co.kr)'을 출시했습니다.

중개법인 내 소속공인중개사 관련 교육 경험과 27회 공인중개사 자문위원장을 역임하면서 공부하고 자문했던 내용, 7년간 동기 중개사님들의 고민을 함께 해결하며 쌓은 노하우를 바탕으로 선진중개문화를 선도하기 위해 '공인중개사 수습교육센터, 중개in lounge'를 설립했습니다. 이는 종합병원의 인턴, 레지던트 등 수련의 개념을 공인중개사 교육으로 도입한 것으로 1대1 집중 러닝 방식을 활용해 선배 멘토와 후배 멘티를 연결, 각 분야의 전문가들이 초보 공인중개사님들을 인큐베이팅할 수 있는 새로운 교육 방식입니다. '중개in lounge'에는 한국공인중개사협회, 교수님들, 27회 공인중개사 모임 회원들, 공인중개사 필수 프로그램인 '스마트알'을 운영하는 부동산114 등이 함께하고 있습니다.

이 외에도 부동산 시장에 꼭 필요한 플랫폼들을 순차적으로 출시할 계획입니다.

9. 자신만의 분야에 대한 구체적인 노하우가 있나요?

　중개사님들이 '중개'라는 업무의 틀에 갇혀 있을 필요가 없다고 생각합니다. 운전면허증을 취득했다고 운전을 업으로 살아가는 것이 아닌 것처럼, 공인중개사 자격증은 중개를 하기 위한 최소한의 기준일 뿐입니다. 앞으로는 중개행위만으로 경쟁력을 갖기 어려운 시대입니다. 자신만의 경쟁력을 갖추는 데 개인의 경험과 노력, 시대와 시스템의 변화에 따라 변화하고 발전해나가는 과정이 영향을 줄 수 있습니다. 제 경우를 보면 중개업 이전 건설사 근무 경력, 건물 시행, 교육업에 종사했던 경험 등을 중개 과정에 적극적으로 활용했는데, 다수의 건축업 관련 경험이 저의 경쟁력이라 믿었고 개량행위를 할 수 있는 노하우를 바탕으로 전략적으로 노후주택이 밀집한 부천 소사동에 첫 사무실을 오픈했습니다.

　건축업자들은 사실상 토지의 가치만 남아 있는 감가상각 된 오래된 주택을 매입하려고 합니다. 하지만 시행하기 전까지는 세입자가 거주해야 하므로 적절한 수리가 필요합니다. 이때 저는 단순히 중개만 하는 것에 그치지 않고 내부 수리와 인테리어를 함께하는 개량중개를 진행했습니다. 이러한 경우, 중개사와 고객이 갑을 관계가 아닌 동업자 관계로 발전할 수 있습니다.

　중개사는 직접 거래를 제외하고 다른 일을 병행할 수 있으므로 경매 컨설팅 등을 또 다른 수입원으로 활용할 수 있습니다. 일반적인 경매 컨설팅 업체는 낙찰까지만 책임지기 때문에 낙찰 후 매도하고 수익을 내는 과정까지는 관여하지 않습니다. 하지만 저는 경매 컨설팅을 하면서 수리, 매도까지 책임졌습니다. 예를 들어, 한 고객이 화장실이 하나밖에 없었던 집을 낙찰받은 적이 있었는데 화장실을 2개로 개량하고 매도까지 도와 진행하며 중개보수 외에 컨설팅 비용(수리비 포함)을 포함해 7,000만 원을 받을 수 있었습니다.

처음 중개업을 시작할 때 자신만의 경험을 살린 업무부터 시작해 영역을 넓혀갈 수 있다면 중개 대상물 금액이 비싸지 않은 지방에서도 훌륭한 중개 업력을 쌓을 수 있다고 생각합니다. 또한 고객들이 방문했을 때 그들이 필요로 하는 것을 귀 기울여 듣고 문제를 해결할 수 있는 솔루션을 제시할 수 있어야 합니다. 직접 그 문제를 해결할 수 없다면 건축사, 감정평가사, 은행 등 관련 분야에 전문가를 소개할 수 있는 네트워크를 갖춰야 합니다. 개업 초기에는 네트워크가 약할 수 있기 때문에 아이엔에서 출시한 공인중개사 업무 보조 솔루션 '중개in'을 적극적으로 활용해 채워가기를 바랍니다.

중개실무수습교육센터
중개in lounge(라운지)
realtor-in.com

PART 02

신뢰를 중개합니다

고경록

공인중개사

현) 탑단지내부동산 중개법인(서울시 은평구)
현) 양주잼잼 대표

전) 대신증권

성균관대학교 졸업

이메일 : realpro21@naver.com

1. 부동산에 관심을 갖게 된 이유와 계기는 무엇인가요?

대학 시절, 금융권 취업 준비 중 금융과 재테크 관련 스터디에 정기적으로 참석하면서 부동산에 관심을 가지게 되었습니다. 모인 사람들은 나이, 성별이 다양했음에도 부동산을 비롯한 재테크에 관심이 많다는 것을 알게 되었습니다. 이때 부자가 되기 위해서는 부동산 공부가 필수라고 생각하게 되었습니다.

2. 공인중개사 자격증에 도전하게 된 이유와 계기는 무엇인가요?

재직하던 회사에서 퇴직을 하던 상사의 모습이 내 미래라고 생각하니 아찔했습니다. 정년이 있는 회사 생활은 더 이상 하지 말아야겠다는 생각이 들었습니다. 전문 자격증을 가지고 오래 일할 수 있는 직업을 찾게 되었고, 공인중개사라는 직업이 매력적으로 다가왔습니다. 또한, 대학에서 상경 계열을 전공한 것과 대형 증권사에서 금융주치의로 일했던 경력을 살릴 수 있는 직업이 공인중개사라고 생각했습니다.

다니던 증권사를 그만두고 2014년부터 중개보조원으로 일하면서 자격증 시험 공부를 병행해 공인중개사 자격증을 취득했습니다. 이후 2017년부터 본격적으로 개업해 공인중개사 활동을 시작했습니다.

3. 부동산 중개 시장과 부동산 투자 시장을 바라보는 자신만의 시각을 말씀해주세요

부동산 중개 시장에 대한 생각

현재 중개 시장 전망이 밝다고 보기는 어렵습니다. 이전 몇 년간은 부동산 상승장이 지속되면서 거래도 많고 가격도 올라 중개업 시장이 호황이었습니다. 그래서 준비가 되지 않은 채로 부동산 중개업에 뛰어든 중개사들도 손쉽게 돈을 벌 수 있었습니다. 하지만 지금처럼 부동산 거래가 절벽인 시장에서는 체계적인 중개 실무 능력과 경험이 부족한 중개사들은 폐업의 위기에 직면해 있습니다. 설상가상으로 직방, 다방 등의 프롭테크가 중개 시장에 진출하면서 공인중개사들의 입지는 더욱 줄어들고 중개사 간 경쟁은 더욱 심해질 것입니다.

부동산 투자 시장에 대한 생각

부동산 투자 시장에서 살아남기 위해서는 남들과 반대로 행동할 수 있는 용기가 필요합니다. 가격이 오를 때는 따라 사는 것이 아니라 팔고, 가격이 내릴 때는 파는 것이 아니라 오히려 사야 합니다. 왜냐하면 시장은 반드시 정상으로 돌아올 것이기 때문입니다. 금리, 물가, 경기, 유가, 환율 같은 경제 지표들뿐만 아니라 부동산 가격도 '정상'으로 회귀할 것이기 때문입니다.

역사는 반복됩니다. 불과 몇 개월 전까지만 해도 부동산 가격이 기형적으로 오르면서 정부에서는 수요 억제, 공급 확대 정책을 쏟아냈습니다. 하지만 최근 부동산 침체가 심해지면서 정부는 그동안 내놓았던 부동산 관련 규제를 대폭 풀고 있습니다. 시장이 '정상'으로 회귀하고 있다는 신호라고 보면 됩니다. 금리, 물가, 경기, 유가, 환율 등도 정상적인 시장에서는 적정수치로 돌아올 것입니다.

시장 참여자들은 '역사의 반복성'을 믿고 그 속에서 얻은 경험과 교훈을 바탕으로 부동산 투자에 참여해야 합니다. 지금처럼 혼란한 시기에 오히려 기회가 있다고 볼 수 있습니다. 부동산 가격이 급격하게 하락해 공포심이 널리 퍼진 부동산 시장에서는 과감하게 용기를 내 투자해야 합니다. 반대로 아파트 가격이 자고 일어나면 하루가 다르게 계속 오르는 시장에서는 부동산을 팔고 현금화를 해야 성공적인 투자를 할 수 있습니다.

4. 자신만의 영업 노하우와 마케팅 비법을 알려주세요

부동산 중개업의 기본기는 '고객 관리, 매물 관리, 광고 관리'입니다. 이 3가지에 충실해야 합니다.

첫째, 고객 관리입니다.

아침 일찍 출근해 부동산 뉴스와 정책을 공부하고 실무 지식을 익히며 고객과 소통할 수 있는 소재를 찾습니다. 전화로 상담할 때, 고객을 대면으로 맞이할 때 등 다양하게 고객들과 마주하는 다양한 상황에서 고객에게 신뢰감과 전문성을 보여주어야 계약 성공률을 높일 수 있습니다. 그러기 위해서는 매물에 대한 종류별, 특징별로 셀링 포인트를 익히고 순서대로 매물을 브리핑하는 노하우를 알고 있어야 합니다. 예약 고객, 방문 고객의 경우, 아직 계약을 확정한 고객이 아닌 만큼 계약 시 계약서 준비, 작성, 설명의 과정을 고객별 니즈에 맞게 원스톱으로 서비스를 제공해야 하며, 계약은 법적으로 하자 없이 검토하고 신속하게 진행해야 합니다.

다음으로 고객리스트를 세분화합니다. 우선 전날 맞았던 고객 중 계약 가능성이 큰 가망 고객을 추리고 빠르게 고객과 접촉해서 계약을 이끌 수 있는 약속을 잡습니다.

계약서 작성 이후 잔금 시점에도 할 일이 남아 있습니다. 잔금 시점에 고객들에게 감사 선물을 주거나 이사한 집에 찾아가는 등의 정성을 보이는 등 사후관리를 해야 합니다. 그러면 그 고객은 당신의 충성 고객이 되어 다음 거래 시에도 당신을 찾을 것이며, 중개보수 청구금액도 후하게 결정될 것입니다.

다음으로 매물 및 광고 관리 영역입니다. 우선 매물 관리 대장을 DB화하고 체계적으로 관리합니다. 엑셀이나 구글 스프레드시트 같은 프로그램을 활용해서 매물을 상품별로 정리해놓습니다. 예를 들어, 전세 계약을 한 매물은 만기가 2년 후이기 때문에 갱신계약을 요청할 수 있는 6개월 전인 1년 6개월 후로 알람을 설정합니다. 그리고 해당 매물이 또 다른 부동산 중개사무소로 넘어가지 않도록 임대인에게 전화를 합니다. 저는 계약에 실패한 매물도 집주인에게 다시 전화해 확보하려고 합니다. 또한, 입주장에는 고객을 확보하기 위해 인근 아파트에 직접 나서 입주아파트 명단을 확보하기도 했습니다.

손님을 만날 때마다 해당 손님의 요구를 정리했고, 어떤 대화를 나눴는지 기록한 뒤 해당 손님과 언제 약속을 잡을지에 대한 계획을 세웁니다. 손님의 특성을 파악해 어떤 매물을 보여주면 좋을지에 대한 전략을 세워 만납니다.

한번 계약한 손님들과 꾸준히 관계를 유지하기 위해 가장 중요한 것은 고객이 내게 호감을 느끼게 만드는 것입니다. 그래서 최대한 매력적인 사람으로 다가가려고 애씁니다. 운전을 하면서도 최대한 불편하지 않게 한다거나, 들어오는 손님에게 음료를 주는 등 작은 배려부터 고객을 단순히 물건을 팔아야 할 대상이 아니라 인간적으로 친해지려고 합니다. 이것이 매물을 계약할 대상에게만 힘을 쏟는 다른 중개사와 차별화되는 지점이라고 생각합니다.

마지막으로 자신의 매물이 상위에 노출될 수 있도록 주기적으로 광고물을 업데이트합니다. 아무리 좋은 매물을 갖고 있어도 시장에 마케팅을 제대로 하지 않으면 고객들을 끌어올 수 없습니다. 그 때문에 영업, 부동산 이슈 파악 및 공부 등을 제외한 시간 대부분을 전부 광고하는 데 씁니다.

이 외에도 주택 거래가 한산한 시기에도 살아남을 수 있던 비결은 주택 외 상품에도 힘을 쏟았기 때문입니다. 예를 들어, 상가 거래를 활발히 하기 위해서는 발품을 팔았습니다. 새로운 매물을 확보하기 위해 상가 임차인 등 잠재 고객들에게 전화를 돌리고, 점심시간 전에 오픈하는 식당에 들어가서 임대 매물을 확보하고, 점심시간이 지나서는 그 외의 상가 매물을 둘러봤습니다.

5. 향후 투자 및 중개에 관한 계획을 말씀해주세요

"기본, 기본, 기본!"

우선 지금처럼 기본에 더욱 충실하려고 합니다. 시장의 흐름을 읽기 위해 매일 신문 읽기, 부동산 관련 책 읽기, 강연 듣기, 스터디 운영 등을 허투루 하지 않을 것입니다. 노력하고 또 노력하면서 불확실한 미래를 준비하고 새로운 분야에 대한 탐구도 시도할 것입니다.

최근 관심을 가진 투자처는 토지입니다. 토지를 실제로 거래하면서 토지 중개에 대한 매력과 성장성을 봤기 때문입니다. 토지 투자는 주택에 비해 환금성이 낮기 때문에 일반인들은 '아파트에 비해 수익률이 낮다', '좋은 땅은 나와 있지 않다' 혹은, '장기 투자해야 한다'라고 생각하기 십상입니다. 하지만 토지 투자는 생각보다 큰돈이 필요하지 않고 안전하면서도 높은 수익률을 얻을 수 있습니다. 가장 큰 장점은 진입장벽이 높아 경쟁자가 적으며 부동산 레버리지를 최대한 활용해 소액으로도 투자가 가능하다는 것입니다. 나만의 지역 분석법으로 토지 투자의 유망 지역을 찾아 농지, 임야, 나대지 등 가치 있는 땅을 매입해보려고 합니다.

6. 자신만의 분야에 대한 구체적인 노하우가 있나요?

최근 1년 동안 국내의 100여 개 행정구역에 관한 부동산 지역 분석 콘텐츠를 블로그에 올렸고, 거의 매일 글을 쓰며 프롭테크를 활용해봤습니다. 아파트, 다가구주택, 다세대주택 등 주거용 부동산뿐만 아니라 상가, 사무실, 빌딩, 토지 등 상업용 부동산까지 부동산 유형별 특성에 적용한 나만의 분석 툴을 익혔고, 이를 고객과 상담할 때 활용하고 있습니다.

예를 들어, 음식점 창업을 하려는 고객을 상담할 때는 인구 흐름, 상권의 크기, 평균 매출액 등의 데이터를 담은 상권 분석 보고서를 제공해 중개하고 있습니다.

PART **03**

부동산 경기와
무관한 용기와 노력

김명선

공인중개사, 관광통역사

현) 종합공인중개사 사무소(서울특별시 강동구)

전) 해피공인중개사 사무소
전) 정읍 구몬 학습지 교사
전) 관광통역안내원
전) 포커스여행사, 세방여행사 근무

이메일 : chibi12345@naver.com

1. 공인중개사 하기 전에는 어떤 일을 했나요?

대학에서 일어일문학을 전공하며 가끔 통역 및 번역 아르바이트를 했습니다. 일본 유학 시절에는 식당이나 편의점 또는 결혼식장에서 아르바이트를 하면서 접객 서비스에 대해서 많이 배웠습니다. 2003년에 관광통역 안내원에 합격해 여행사 가이드로 근무하게 되었습니다. 이때 전국을 여행하면서 지리와 도시개발과 입지에 대한 감각에 눈을 뜨게 되었고, 손님 접객에 대한 노하우도 터득할 수 있었던 것 같습니다.

2. 공인중개사 자격증에 도전하게 된 이유와 계기는 무엇인가요?

일과 가정에 모두 충실하고 싶어 공인중개사 시험에 도전하게 되었습니다. 가이드로 일했을 때는 잦은 출장, 불규칙한 근무 시간 때문에 육아가 어려웠습니다. 하지만 공인중개사는 집 근처 근무지를 택하기 쉬워 육아와 병행할 수 있었습니다.

제 적성과도 잘 맞았습니다. 고객의 문제를 해결해주는 과정이 즐거웠으며, 모르는 부분을 주민센터, 구청, 세무서 등 관련 기관에 문의하면서 알아가는 재미도 있었습니다.

3. 부동산 중개 시장과 부동산 투자 시장을 바라보는 자신만의 시각을 말씀해주세요

현재는 아파트 단지 내 상가에서 일하고 있으며, 아파트와 상가 중개에 주력하고 있습니다. 5,000가구가 넘는 아파트 단지 내 상가이다 보니 단순한 매도·매수 외에도 부동산 거래가 다양하게 이뤄집니다. 특히 상가 거래는 꾸준하게 있는 편인데, 이는 부동산 시장 상황과는 별개로 창업하려는 사람은 계속 있기 때문입니다. 보통은 주택 거래만을 중개하는 중개사분들이 많습니다. 그러다 보니 중개사분들이 상가 거래를 경험하고 배울 수 있는 기회가 많지 않아 상가 거래에 대한 두려움이 큰 것 같습니다. 하지만 예비 공인중개사들은 주택에 한정 짓지 말고 상가도 꼭 거래해보기를 권합니다.

중개사는 시장 최전방에서 분위기를 가장 빨리 읽을 수 있기 때문에 상대적으로 투자자로서 이점이 있습니다. 다만 중개사라고 누구나 돈을 벌 수 있는 것은 아닙니다. 부동산 투자에 성공하기 위해서는 대세를 거스를 수 있는 용기가 필요하다고 생각합니다. 모든 투자 상품이 그렇듯 사람들의 관심이 집중되어 누구나 사들이는 상승세에는 팔 수 있어야 하고, 종잣돈을 열심히 모아두었다가 남들이 모두 파는 하락장에서 기회를 잡아 투자해야 합니다. 이렇게 남들과 반대로 행동하기 위해서는 꾸준하게 공부해야 하고, 멘탈을 잘 관리할 수 있어야 합니다.

4. 자신만의 영업 노하우와 마케팅 비법을 알려주세요

첫 번째로 공인중개사 사무소가 우후죽순 생겨나고 있는 만큼 자기만의 '특수 전문 분야'를 갖춰야 합니다. 현재 제가 운영하는 공인중개사 사무소가 있는 단지 내 상가에만 공인중개사 사무소가 40여 곳이나 있습니다. 즉 40여 개의 경쟁업체가 있다는 것으로, 아파트만 중개해서는 경쟁력을 갖기 힘들다는 의미입니다.

그래서 저는 주택 이외에 상가 중개에도 주력하고 있습니다. 특히 '학원'과 '병원' 중개에 특화했습니다. 학원과 병원을 중점적으로 중개하다 보니 관련 데이터가 쌓이고, 해당 업종의 임대·임차인들이 알아야 하는 특수 지식도 다른 공인중개사들에 비해 많이 알고 있는 편입니다. 덕분에 주변 공인중개사 사무소로부터 학원, 병원 중개가 필요한 고객들도 자연스럽게 소개받게 되었습니다.

두 번째로 고객을 만나게 되면 필요한 부분을 하나부터 열까지 성실하고 빠르게 처리해야 합니다. 특히 고객이 필요로 하는 부분을 고객이 직접 말하지 않아도 알아서 먼저 해결하는 센스를 발휘하는 게 노하우라면 노하우입니다. 저의 경우 실제 살아보지 않으면 잘 모를 수 있는 사항들을 미리 알려드립니다. 입주를 앞둔 고객에게는 통학 환경, 커뮤니티 센터, 이사 시 주의 사항 등을 정리한 엑셀 파일을 보내주고, 이밖에 인터넷을 기존 통신사와 해지하고 좀 더 저렴한 통신사로 이동하는 방법도 알려드립니다. 심지어 조식 서비스를 이용하는 방법도 알려드립니다. 신축 아파트는 커뮤니티 시설을 이용할 때 알아두면 좋은 팁들이 있는데, 이러한 사항들은 계속해서 업데이트되어서 이미 입주한 사람들도 잘 모르는 경우가 많기 때문입니다. 별것 아닌 내용 같아 보여도 손님은 이런 디테일한 부분을 알려주는 데서 마음이 움직이고 거래할지 말지를 결정하는 경우가 많습니다.

만약 단지 내에서 상가 중개를 하려고 한다면 인근 공인중개사 사무소와도 관계를 잘 쌓아야 합니다. 단지 내 공인중개사 사무소는 상가를 전문으로 하는 곳이 많지 않아 상가를 거래하려는 문의 고객이 나타나면, 상가를 중개하는 주변 공인중개사 사무소에 고객을 소개해주는 경우가 많기 때문입니다. '공인중개사 사무소의 고객은 인근 공인중개사 사무소'라고 생각할 수 있도록 끝까지 성실히 관리해서 믿고 또 찾을 수 있도록 하고 있습니다.

매물을 소개하는 '한 줄 설명'도 꼼꼼히 작성하고 있습니다. 손님들은 매물 사이트 상위에 노출된 사무실에 전화하려는 경향이 있습니다. 상위에 노출되려면 매물 내용을 꾸준하게 업데이트해야 하고 내용이 충실해야 합니다. 그러기 위해서 고객의 입장을 고려해 한 번 더 눈이 갈 수 있도록 문구를 쓰고 있습니다.

예를 들어, 전세 매물을 내놓을 때는 장기 거주가 가능하다고 써놓으면 유리합니다. 임차인 입장에서는 오래 살 수 있는 전세 매물을 찾으려 할 것이기 때문입니다. 원룸이나 오피스텔의 경우 에어컨을 갖췄다는 내용이 중요하기 때문에 풀옵션이라고 써놓습니다. 지하철이 가까운지, 학교는 어디로 배정되는지, 커뮤니티는 인접해 있는지 등 매물

특징을 강조한 내용으로 광고해야 매물을 좀 더 신경 쓰고 있다는 인상을 줍니다. 사려 깊은 소개 글이 고객의 전화를 부릅니다.

5. 향후 투자 및 중개에 관한 계획을 말씀해주세요

현재 어려운 시기지만, 신중히 판단해 상급지 투자를 계획 중입니다. 시간은 꽤 걸리겠지만, 꾸준히 공부해서 원하는 목표를 향해 나아가려고 합니다.

6. 자신만의 분야에 대한 구체적인 노하우가 있나요?

2016년 마곡에 있는 4,000실 오피스텔 입주장, 2018년 5,000실 마포구청 오피스텔 입주장, 2019년 강동구 고덕지구 아파트 15,000가구 입주장을 겪으면서 다양한 계약과 고객의 니즈를 단기간에 많이 경험할 수 있었습니다. 입주장에서 공급이 쏟아지는 만큼 금액이 하락할 가능성이 큰데, 이때 중개사는 매도인과 매수인, 임대인과 임차인 간 서로가 만족할 가격으로 조율할 수 있는지가 중개사의 실력을 가늠할 수 있는 척도입니다. 조율하려면 매수인이나 임차인의 요구사항을 정확히 파악해야 합니다. 그래야 합당한 선에서 서로에게 양보를 끌어내어 당사자 모두가 만족하는 결과를 얻어낼 수 있습니다.

서로 까다로운 조건을 제시했을 경우, 중개사가 나서서 임대인과 임차인이 서로 한 발짝씩 양보해 타협할 수 있도록 설득하는 것도 중개사가 해야 할 일입니다. 예를 들어, 오랜 기간 공실인 상가가 있었는데, 임대인은 보증금 1억 원에 월세 400만 원을 고집했습니다. 그러던 중 상가 임차를 원하는 사업주가 나타났지만, 이 사람은 월세 200만 원을 원했을 때, 저는 임대인에게 "이대로 계속 공실로 둘 것인지, 아니면 월세 200만 원이라도 받을 것인지'를 물으며 설득해서 결국 임대차 계약을 성사시킬 수 있었습니다.

상가에 식당, 커피숍, 학원, 병원, 공인중개사 사무소, 정육점 등과 같은 점포를 입점시키고자 할 때 단 하나의 점포를 입점시킨다고 하더라도 해당 상가가 자리 잡은 상권 및 지역분석이 완벽히 되어 있어야 합니다. 또한 상가에서 이뤄지는 권리금, 임대현황을 꿰뚫고 있어야 합니다. 그래야 임차인들에게 왜 해당 상가에 입점해야 하는지 설득할 수 있기 때문입니다.

Q 공인중개사 사무소 인수 시 확인해야 할 것은 무엇인가요?

A 공인중개사 사무소를 인수할 때 권리금 산정 기준은 입지와 시설물입니다. 하지만 가장 중요한 것은 고객 명단과 계약서입니다. 장부에 적혀 있는 번호 명단, 보유한 부동산 개수, 고객과 쌓아온 히스토리, 즉 평판, 성실히 일한 기록들을 꾸준히 관찰한 뒤 검증이 되었을 때 신중하게 공인중개사 사무소를 인수해야 합니다.

Q 공인중개사 사무소 창업 시 필요한 자금은 얼마인가요?

A 필요 자금은 크게 초기비용과 고정비용으로 나뉩니다. 공인중개사 사무소 인테리어비용은 크게 들어가지 않는다고 했을 때 초기비용에는 권리금과 보증금이 있습니다. 이 중 권리금은 지역이나 입지에 따라 다르지만 2,000만 원부터 1억 5,000만 원 정도입니다. 이 밖에 월세, 집기류 등의 비용입니다.

Q 마지막으로 예비 공인중개사들에게 말씀해주실 것이 있나요?

A 잠시 공인중개사 일을 했다가 그만두는 사람들이 많습니다. 생각했던 것과 현실이 다를 수 있기 때문입니다. 노력 대비 돈을 많이 버는 일이라고 생각할 수 있는데, 생각보다 품이 많이 듭니다. 또 때로는 시간을 많이 투여한다고 해서 돈을 벌 수 있는 게 아니라 지칠 수도 있습니다. 사람을 대하는 일인 만큼 감정노동도 많이 해야 합니다.
이 일에 만족하기 위해서는 자신이 알고 있는 지식을 베풀어서 알려주는 데 성취감, 기쁨을 느끼는 사람이어야 합니다. 그래서 무작정 자격증만 딸 게 아니라 미리 중개보조원으로 일하는 등 본인 적성에 맞는지 테스트해볼 것을 권합니다.

PART 04

부동산 중개는
종합 예술이다

김명용

공인중개사, 행정사, 상가 분석사, 부동산 권리 분석사

현) 호반드드림 공인중개사 사무소(인천광역시 서구)

전) 경찰공무원

부동산창업사관학교 RSA 과정 수료

네오비 중개 실무 마스터 과정 수료

블로그 : http://blog.naver.com/king127282

1. 부동산에 관심을 갖게 된 이유와 계기는 무엇인가요?

30여 년간 공직 생활을 하면서 오로지 주어진 업무에만 착실하게 전념했습니다. 아이들 대학 교육까지 마치고 나니 남은 것은 겨우 서울 변두리에 있는 아파트 한 채뿐이었습니다. 정신이 번쩍 들어 주변을 둘러봤습니다. 지인 중에 누구는 아파트가 몇 채고, 누구는 상가에서 또박또박 임대료가 나와 노후 걱정이 없다고 은근히 자랑하는 모습에 세상을 헛살아온 듯해서 마음이 편하지 않았습니다. 그러다 퇴직을 앞두고 성남 재개발 정비 지역에 투자를 한번 해보라는 직장 후배의 권유를 받았고, 대출을 활용해 급매로 나온 집을 구입했습니다. 그 집이 있던 구역의 재개발 사업이 우여곡절 끝에 탄력을 받아 순탄하게 잘 진행되었습니다. 이로 인해 저는 생각지도 않게 투자 대비 시세차익이 제법 나는 경험을 했습니다. 뒤늦게 철든다고, 그 후로 부동산에 대한 흥미를 점점 더 갖게 되었습니다. 새로운 세상이 있음을 알고 나니 좀 더 알고 싶은 욕구가 생겼습니다.

2. 공인중개사가 되기 전 어떤 업무를 했으며,
해당 업무가 현재 어떤 도움을 주고 있나요?

국민에게 봉사하는 경찰관으로 정년 퇴임을 했습니다. 당시 민원 부서에 있으면서 민원인들을 많이 응대하다 보니 소위 진상 고객을 만나도 그들의 이야기를 잘 들어주고 원하는 사항을 잘 해결해주는 것이 생활화되었습니다. 민원 부서에서의 경험은 사람의 마음을 읽는 공인중개사 업무에 많은 도움이 되고 있습니다.

3. 공인중개사 자격증에 도전하게 된 이유와 계기는 무엇인가요?

재개발 지역 투자 경험을 계기로 재건축·재개발 관련 서적을 보기 시작했습니다. 당시 단편적인 지식보다는 부동산에 관한 전문적인 지식이 필요하다는 것을 절감했습니다. 퇴직 후 새로운 직장에 다니면서 틈틈이 시간을 내서 인터넷 강의를 꾸준히 공부해 공인중개사 자격증 시험에 도전했습니다. 그러나 첫해는 아쉽게 떨어졌습니다. 더욱 분발해 노력한 끝에 그 이듬해인 2018년, 공인중개사 시험에 합격했습니다.

나이 탓에 소공으로 나가 현장 실무를 배울 수 없는 처지였습니다. 그래서 부동산 전문학원에서 운영하는 부동산 실무 6개월 코스 2개 과정을 이수했습니다. 지금도 함께 교육을 받은 동기들과는 친목을 도모하고, 부동산 관련 정보를 공유해 실무에 많은 도움이 되고 있습니다.

4. 늦은 나이에 공인중개사 일을 할 때, 가장 큰 어려움은 무엇인가요?

첫째, 부동산 물건을 확보하기가 어려웠습니다. 일명 선수들에게 어렵게 확보한 물건을 빼앗기는 일이 많았습니다. 그래서 제일 먼저 물건을 빼앗기지 않기 위해 고객과 인적 네트워크를 형성하는 데 공을 많이 들였습니다. 고객의 마음, 신뢰를 얻는 것은 다른 무엇보다도 중요하게 생각하고 있습니다.

둘째, 부동산과 연관된 경제 지식 등을 습득하고 고객과 상담을 하는 부분도 어려웠습니다. 고객 응대를 원활히 하려면 전반적인 부동산 정책, 거시경제, 지역 특성 등 다양한 부분을 파악해야 합니다. 다방면의 지식을 습득하기까지 어려움이 있었습니다. 저는 부동산 전문 서적은 물론, 경제 신문들을 섭렵해 고객 응대를 위해 철저히 준비하고 노력했습니다. 고객이 무엇을 궁금해하는지, 원하는 것에 대해 속 시원하게 상담할 수 있기까지 많은 시간이 소요되었습니다. 지금은 고객과의 몇 마디 대화로도 고객의 마음을 잘 읽을 수 있는 노하우가 생겼습니다.

5. 새로 시작하는 공인중개사에게 조언해주고 싶은 것은 없나요?

부동산 업계에 입문한 대다수의 공인중개사는 열정을 가지고 열심히 자기 일을 합니다. 그중에 누가 좀 더 주변 공인중개사와 친목을 다져 정보를 공유하고, 고객과 신뢰를 쌓는지에서 따라 계약 성사 여부가 갈릴 수 있습니다. 고객을 하늘처럼 생각하는 마음, 남이 아닌 내 가족이라는 자세로 진실하게 다가간다면, 고객들은 그 진정성을 알고 찾아올 것입니다.

그래서 오히려 내가 좀 손해 본다는 마음으로 접근하면 마음 편하게 업무에 임할 수 있을 것입니다. 내가 최고라는 자만감으로 독선적인 행동을 해서 주변 사람들에게 신뢰를 잃게 된다면, 나를 찾아온 고객들이 원하는 매물을 구하지 못해 고객을 놓치는 일들이 발생할 수 있습니다. 서로 마음을 열고 지낸다면 즐겁게 업무를 할 수 있을 것입니다.

주변 공인중개사와도 우리는 같은 일을 함께하는 동지이자 최고의 고객이라는 믿음을 가질 수 있도록 노력하고 솔선수범해야 합니다.

6. 부동산 중개 시장과 부동산 투자 시장을 바라보는 자신만의 시각을 말씀해주세요

부동산 중개 시장에 대한 생각

막상 중개업 현장에서 부동산 시장의 다양한 변화를 경험하다 보니 부동산 중개 시장은 종합 예술이라는 느낌이 듭니다.

아파트, 단독주택, 빌라, 오피스텔, 빌딩, 상가, 토지, 공장 등 다양한 종목이 있고 마케팅, 세법, 건축 등에 접근할 수 있는 차별화된 지식을 습득해야 하며, 사람과의 관계도 잘 맺는 등 어느 하나 소홀함이 없어야 합니다. 게다가 이 모든 영역을 아울러 부동산 업계 외길을 뚜벅뚜벅 걸어갈 수 있는 의지와 열정이 있어야 치열한 경쟁에서 살아남지 않을까 하는 생각이 듭니다.

부동산 투자 시장에 대한 생각

중개와 투자는 다른 시각으로 바라봐야 한다고 생각합니다. 중개 시장에서 남보다 조금 빠른 정보로 급매 등을 통한 시세차익을 누릴 수 있지만, 장기적인 투자를 위해서는 나무가 아닌 숲을 바라볼 수 있는 안목이 필요합니다.

고객들은 중개사가 모든 것을 다 알고 있는 듯 물어봅니다.

"주택 시장은 언제쯤 바닥을 칠까요?"
"언제쯤 집을 사면 좋을까요?"

부동산 시장의 가격이 오르고 내리는 것은 인구 증감, 주택 공급량, 지역 개발, 금리, 부동산 정책, 가구 분리 등 다양한 원인에 기인하며, 최근 부동산 가격이 폭락한 것은 급격한 대출금리 인상이 가장 큰 이유라고 생각합니다.

최근 부동산 시장의 하락세를 막기 위해 규제 일변도의 정책에서 규제 지역 해제, 전매제한 완화, 실거주 의무 폐지 등 부동산 연착륙 정책을 펴고 있습니다. 일부 선호도 높은 지역에서는 거래가 일어나고 있습니다. 하지만 총부채원리금상환비율(DSR) 등 부동산 대출에 대한 대책이 미흡해 침체된 부동산 경기가 전반적으로 쉽게 활성화되지는 않을 것이라고 봅니다. 서울과 수도권 등 수요나 선호도가 높은 일부 지역을 중심으로 상승 분위기를 타고 있어 지역별로 상승과 정체, 하락이 차이가 날 수 있는 것입니다.

그렇지만 부동산은 쌀 때 사고 비쌀 때 팔면 되는 것입니다. 따라서 부동산 투자 적기는 부동산이 가장 침체가 되었을 때라고 생각합니다. '바닥이다'라고 판단되면 모두가 바닥으로 보이고, 바닥으로 보이면 매도자가 매물을 거두게 되면서 매도자 우위 시장으로 변하게 됩니다. 가격은 상승기류를 타게 되어 저렴한 가격으로 매수는 어려워집니다. 부동산 가격이 저렴하다고 생각하는 시점이 바닥입니다. 더 떨어지더라도 지금이 바닥이라는 생각을 가져 보시라 권하고 싶습니다. 단언컨대 그렇지 않으면 "평생 투자 기회는 없습니다."

7. 자신만의 영업 노하우와 마케팅 비법을 알려주세요

첫째, '고객의 입장이라면?' 하는 생각을 가지고 있는가?
둘째, 고객이 필요로 하는 니즈(needs)는 무엇인가?
셋째, 고객에게 무엇을 줄 수 있는가?

이런 고민과 함께 '기본에 충실하자'라는 다짐을 수없이 합니다.

먼저, 고객이 중개인을 내 편이라고 생각하도록 성실하고, 신뢰감 있는 모습을 보여주어야 합니다. 고객이 '저 공인중개사는 내 편이구나', '나를 위해 저렇게 노력을 하는구나' 하고 생각하게 되면 계약으로 이어질 확률이 매우 높아집니다. 이런 생각을 하는 고객들은 우리의 곁을 떠나지 않습니다. 중개사가 자기 편이라고 느낀 고객들은 감사하게도 다른 고객들을 데리고 오기까지 합니다.

고객이 중개사를 '내 편'이라고 생각하기 위해서는 성실한 태도를 보여주는 것도 중요하지만, 동시에 변화하는 부동산 정책 이해와 실무 지식을 습득해야 합니다. 고객과 매물의 체계적인 관리, 고객의 궁금한 부분과 성향을 사전 파악하고 꼼꼼하게 챙겨야 합니다. 고객은 공인중개사가 '자기 물건처럼' 꼼꼼하게 체크하는 데서 내 편이라고 느끼기 쉽기 때문입니다.

또 중요한 것이 매도인(임대인)과 매수인(임차인)이 함께하는 자리에서는 어느 한쪽 편을 든다는 인식이 들지 않도록 신중을 기해야 합니다. 내 편이 아닌 상대방 편이라는 느낌이 든다면, 감정이 상하고 어렵게 성사된 계약이 파기되는 낭패를 보는 경우가 생기기도 합니다. 계약이 끝날 때까지 '나는 당신의 편'이라는 신뢰감을 주기 위해 노력해야 합니다. 신뢰가 최선의 무기입니다.

두 번째로, 습득한 전문 지식을 단순 방문 고객에게도 친절하게 알려주어야 합니다.

전문 지식을 알려주며 고객들에게 신뢰감을 주는 것도 고객 유치 노하우입니다. 제 경험에 의하면 투자자들은 자산 관리에 따라 납부해야 하는 세금에 매우 민감합니다. 양도세, 종부세, 취득세, 증여·상속세 등에 대해 궁금한 내용이 많으며, 전화 또는 방문 시 문의를 하는 경우가 많습니다. 특히 지난 정부에서 세법이 자주 바뀌었던 만큼 고객들이 일일이 파악하지 못하는 경우가 많습니다. 심지어는 세무사들도 양도세 상담을 포기해 '양포세(양도소득세 상담을 포기한 세무사)'라는 말까지 등장할 정도였습니다.

이렇게 어려운 점이 있지만 오히려 이 부분을 잘 파고들어 최소한의 세법에 대한 지식을 숙지하고 기본적인 상담을 해주면 고객들에게 좋은 인상을 남길 수 있습니다. 다만 최종적인 것은 세무사 상담을 받으라고까지 권유한다면, 고객분들의 믿음과 신뢰감 형성에 큰 도움이 됩니다. 상담을 받은 고객 중 고맙다는 인사를 하면서 매물을 내놓는 분들을 많이 봤습니다.

만약 고객이, 어렵게 공인중개사 사무소를 방문하거나 전화로 세법에 대해 문의하는 데도 "세법은 세무사가 전문이니 세무사를 찾아가라"라고 냉대한다면 고객은 다시는 그 공인중개사 사무소를 찾지 않을 것입니다. 그래서 취득세, 양도세 등 특히 고객들이 많이 궁금해하는 내용에 대한 체크리스트를 만들어 상식적인 선에서 답변해준다면, 충성 고객을 확보할 수 있는 기회가 될 수 있습니다.

앞으로 투자 방향에 대한 상담도 많아질 것입니다. 부동산 시장에 대한 나름의 방향과 어느 지역에 대한 교통 호재 등 미래가치에 대한 전망을 제시해준다면, 고객들과 돈독한 관계를 유지할 수 있습니다. 가장 쉽게 접근할 수 있는 방법은 친한 이웃을 1명, 2명 만드는 것인데, 이들이 쌓이다 보면 그만큼 고객이 늘어날 것이고, 그들은 평생 고객이 될 확률이 높습니다.

8. 향후 투자 및 중개에 관한 계획을 말씀해주세요

최근 부동산 침체로 거래량이 크게 줄었던 때를 대비하기 위해 기존 고객 관리를 꾸준히 하고, 부족하게 느껴졌던 토지와 공장 분야에 대한 깊이 있는 실무지식을 습득하고 싶습니다. 상가 분야에 대해서도 병원, 빌딩 등 다양한 종목의 중개 노하우를 경험하고 싶고, 그동안 미숙하고 어렵게 느껴지던 유튜브를 체계적으로 배워 이를 통한 경쟁력 있고 차별화된 광고를 하고 싶습니다.

PART 05

중개업 선택의
참고 사례

김성인

공인중개사, 증권투자상담사, 펀드투자상담사,
사회복지사

현) 길공인중개사 사무소(인천광역시 미추홀구)
　　무인 아이스크림 할인점

전) 새마을금고 직원 수신, 여신 업무

블로그 : https://blog.naver.com/amhang79
이메일 : sikim79@hanmail.net

1. 부동산에 관심을 갖게 된 이유와 계기는 무엇인가요?

대학 졸업 후 금융업계(새마을금고)에 종사했습니다. 입사 직후 고객상담창구에서 근무하다가 대출 부서로 배정받아 담보대출 등을 취급하게 되면서 자연스럽게 부동산에 관심을 가지게 되었습니다. 당시 직원대출을 받아 태어나서 처음으로 인천시 남동구 간석동에 있는 극동 아파트를 매수하면서 부동산에 관심이 더욱 커졌습니다.

2. 은행에 재직하며 수행했던 업무가 공인중개사 업무에 도움이 되는 부분이 있었나요? 있었다면 어떤 부분인가요?

2가지 측면에서 도움이 되었습니다. 고객을 상대하는 훈련이 되었다는 점과 부동산 지식을 쌓을 수 있었던 기회가 되었다는 점입니다.

입사 초년생 때에는 수신 부서에 있었는데, 이곳에서의 업무는 은행을 방문하는 고객들을 대상으로 예·적금, 펀드 가입, 인터넷 뱅킹 등에 대해 상담해주는 일종의 서비스업입니다. 이는 부동산 공인중개사 또한 고객들을 대상으로 집을 살 때 필요한 정보를 전달하고 상담을 해주는 일이 주요 업무라는 점에서 유사해 중개사 업무를 할 때 도움이 많이 되었습니다.

두 번째로 몸담았던 부서는 여신 부서입니다. 해당 부서에서는 대출을 실행하는 업무를 주로 하다 보니 특히 부동산 대출에 관한 공부를 할 수밖에 없었고, 현행 부동산 정책, 시세, 등기부등본 보는 방법 등을 익혀야 했습니다. 이 당시 경험으로 쌓인 지식이 공인중개사 업무를 할 때 큰 도움이 되었습니다.

3. 공인중개사 자격증에 도전하게 된 이유와 계기는 무엇인가요?

공인중개사 자격증은 직장을 다니면서 노후를 대비해야 한다는 막연한 생각으로 취득하게 되었습니다. 하지만 더 나이가 들면 상대적으로 일을 배우기도 어렵고, 가르쳐줄 곳도 마땅히 찾기 어려울 수 있다는 생각이 들었습니다. 그래서 한 살이라도 어릴 때 중개업을 시작하는 것이 나을 것이라는 판단에 과감히 퇴사해서 송도신도시에 있는 공인중개사 사무소에 소속공인중개사로 경력을 쌓기 시작했습니다.

4. 소속공인중개사를 그만두게 된 이유는 무엇인가요?

급여 조건 등 업무 여건이 계속 열악해지면서 소속공인중개사를 그만두게 되었습니다. 지금은 2017년 인천 미추홀구에 개업공인중개사로 공인중개사 사무소를 열고, 7년 차 공인중개사로 일하고 있습니다.

공인중개사로 일하게 되면 업종 특징상 임금이 수당제로 지급되는 경우가 많습니다. 소속공인중개사도 대다수가 마찬가지입니다. 다행히 맨 처음 제가 근무했던 곳은 입사 당시 수당 외에도 기본급 150만 원을 지급하기로 했던 곳이었습니다. 통상 기본 급여가 제공되면 소속공인중개사가 성사시키는 계약의 수당에서 공인중개사 사무소와 개인 공인중개사 간 7:3의 비율로 수익을 배분합니다(수당이 지급되지 않는 곳은 보통 5:5의 비율로 배분한다).

하지만 입사한 뒤 6~7개월 동안 지급 여건이 3~4번이나 바뀌면서 기본급이 100만 원으로 내려갔습니다. 최저 시급을 받고 같은 시간 일을 해도 최소 170만 원은 받는데, 초보 공인중개사로 중개 수당을 받는 데 한계가 있는 상황에서는 이보다도 적은 금액이 월급으로 들어오는 것입니다. 게다가 당시만 해도 근로계약서를 쓰는 사업장이 거의 없어서 이에 대해 항의를 하기도 어려웠습니다. 사실상 법보다 사장님 마음이 원칙으로 적용하는 것입니다. 이 점 때문에 소속공인중개사를 그만두게 되었습니다.

5. 그렇다면 소속공인중개사로 근무할 공인중개사 사무소를 구할 때 어떤 곳에 지원하는 게 좋을까요?

최근에는 소속공인중개사의 업무 환경이 많이 개선되고 있다고 들었습니다. 특히 중개법인을 중심으로 안정된 급여 체계가 제시되고 있는 것 같습니다. 급여 외에 개인이 고려해야 할 사항을 꼽는다면 업무를 잘 배울 수 있는 사업장인지의 여부입니다. 해당 공인중개사 사무소가 업무를 익히기 좋은 곳인지 아닌지 알려면, 공인중개사 사무소에 면접을 보러 가서 직접 질문을 하는 수밖에 없습니다. 이 사무실 대표님이 어떤 것을 중요시하는지 대화를 통해서 확인해야 합니다.

6. 부동산 중개 시장과 부동산 투자 시장을 바라보는 자신만의 시각을 말씀해주세요

부동산 중개 시장은 크게 4가지 정도로 나눌 수 있습니다. 첫 번째는 가장 많은 중개사가 일하고 있는 주택 시장, 두 번째는 상가, 사무실 시장, 세 번째는 공장 시장, 네 번째는 토지 중개 시장입니다.

통상 초보 부동산 공인중개사들은 주택을 주력 중개 상품으로 가장 먼저 고려합니다. 가장 접근하기 용이한 상품이기 때문입니다. 하지만 최근 고금리 기조가 이어지면서 주택 시장이 얼어붙어 거래가 줄고 있습니다. 근래에 와서 규제가 풀리고 금리 동결 가능성이 커지며 선호도 높은 일부 지역을 중심으로 거래량이 늘고 있다고는 하지만, 언제 또 주택 시장이 얼어붙을지 모릅니다. 그렇기에 처음 진입하는 공인중개 사들은 주택 시장 외에도 다른 중개 시장으로 진입하는 것을 고민해볼 것을 권합니다.

주택 외에 부동산 투자 상품으로는 상가가 가장 대중적인 상품이라고 봅니다. 실제 지난 정부 때 주택에 대한 규제가 강화되면서 상가가 주택 다음으로 손쉽게 접근할 만한 대체 투자 상품으로 주목받았습니다.

상가 투자의 장점은 초기 투자금이 크지 않다는 점입니다. 주택과 다르게 원금분할 상환이 필요하지 않고 이자만 내는 것이 가능하고, 사업자 대출을 이용하면 큰 자본을 들이지 않고 상가 구입이 가능한 데다 임대료까지 받을 수 있습니다. 고금리로 인해 대출받아 상가를 구입하려는 사람도 줄어든 것은 맞지만, 이와 같은 이유로 입지가 좋은 상가는 여전히 대기 수요가 넘쳐납니다.

앞으로 상가 투자가 유망할 것이라고 보기 때문에 중개 또한 주택 외에 종목을 고른다면, 상가 중개에 시간을 할애할 것을 권합니다. 최근 하락장에서 주택을 주로 거래하던 공인중개사 사무소는 폐업하는 경우가 부지기수지만, 상가나 사무실 중개는 상대적으로 주택에 비해 임대차 문의가 오히려 늘었습니다. 최근 코로나로 인한 경기 불황으로 문을 닫는 점포도 많지만, 언제나 창업을 하려는 수요는 꾸준하기 때문입니다. 특히 운영 악화로 문을 닫은 사업장의 경우, 권리금이 없어 오히려 불황을 노리고 상업용 부동산을 구하는 창업자들도 있습니다. 또 상가는 주택에 비해 중개보수 요율이 높고 거래금액도 커서 주택을 거래할 때보다 수익이 크다는 것이 장점입니다. 그렇기에 앞으로는 상가나 사무실 등 상업용 중개 시장 쪽이 유망할 것이라고 예상합니다.

공장 중개는 주로 공단 쪽에 자리 잡은 공인중개사 사무소들이 주력하는 업종입니다. 그래서 처음부터 공장 중개 시장에 진입하는 것은 쉽지 않습니다. 주택에 비해 계약 건수도 적습니다. 하지만 진입장벽이 높은 만큼 공장 중개업계에 한번 발을 들이고 자리를 잡게 되면 좋은 수익을 낼 수 있습니다.

토지 중개는 해당 지역의 오랫동안 영업하면서 자리 잡아 온 공인중개사들이 주로 합니다. 토지 거래는 한번 성사될 때마다 규모와 액수가 큰 만큼 거래 성사 한 건당 수익이 높은 상품입니다. 다만 최근에는 과거처럼 무작정 구입할 수 있는 것이 아닌 농지취득자격증명(농취증) 발급 등을 거쳐야 하기에 투자 심리가 많이 위축된 상황입니다. 중개사로서 결실을 맺는 과정도 길고, 공부도 많이 해야 하는 등 진입장벽이 높은 편이라 어느 정도 업력을 쌓고 나서 중개를 해볼 것을 추천합니다.

7. 자신만의 영업 노하우와 마케팅 비법을 알려주세요

특정한 분야를 정해서 전문 지식을 쌓은 후, 자신만의 무기를 만들어놓을 것을 추천합니다. 저는 아예 재개발을 진행하는 부동산 중개에 특화한 공인중개사 사무소를 운영 중입니다. 지난해 말, 이주를 마치고 재개발 추진 중인 '학익3구역'에서 7년간 한자리를 지키며 단골 고객을 만들었습니다. 블로그와 네이버 부동산 광고로도 고객을 불러들이고 있지만, 먼저 사무실이 있는 지역 주민을 대상으로 한 영업에 집중하고 있습니다. 특히 업무를 시작한 2017~2018년만 하더라도 재개발에 대해 전문적인 지식을 가진 중개사가 많지는 않아 차별점이 될 수 있으리라는 생각으로 시작하게 되었습니다.

8. 지역 내에서 입지를 쌓을 때, 다시 말해 단골 고객을 만들 때, 중요한 것은 무엇인가요?

재개발 구역에 투자하려고 한다면 현재 자신이 관심 있는 구역의 조합이 어떻게 업무를 진행하고 있는지, 재개발 단계별로 어떤 의사 결정을 하는지 등 동네 사정을 속속들이 알아야 합니다. 또 어떤 주택을 구입해야 수익률이 높을지 등 전문적인 지식도 함께 있어야 합니다.

하지만 이 2가지를 전부 챙기는 중개사는 많지 않습니다. 저는 재개발 투자자 고객을 전문적으로 응대하기 위해 '재개발 전문 지식'과 '동네 주민과의 원만한 관계'를 쌓으려고 부단히 노력했습니다.

우선 지역 내에서 인지도를 쌓기 위해서는 '정직한 중개', '꾸준한 공부'를 이어나가야 합니다. 구역 내 조합원인 주민들과의 지속적인 소통, 재개발 관련 지식에 관한 꾸준한 공부가 이어지면서 지역 내에서 '노력하고 공부하는 공인중개사'라는 인식이 생겼습니다.

그 결과, 단순히 내 사무실 고객을 확보한 것을 뛰어넘어 지역 내 다른 중개사들에게도 재개발 투자와 관련해서 조언도 해줄 수 있게 되었습니다. 주변 중개사들이 어떤 질문을 하더라도 정확하게 답변하기 위해 공부하는 과정에서도 저의 실력이 향상하고 있습니다. 열심히 한 만큼 운도 따라주는 것 같습니다. 재개발과 관련해 사람들과의 관계와 저만의 지식을 열심히 쌓다 보니 '학익3구역' 조합의 소개 책자에도 제가 운영하는 사무실이 언급되기도 했습니다. 이렇듯 특정 분야에 특화한 자신만의 무기를 만들 것을 권합니다. 재개발 분야처럼 다른 부동산이 흔하게 다루지 않는 진입장벽이 높은 분야일수록 경쟁력은 높아집니다.

9. 향후 투자 및 중개에 관한 계획을 말씀해주세요

최근에야 주택 시장이 어느 정도 회복되는 분위기지만, 여전히 고금리로 인해 투자 심리가 위축되면서 부동산 시장이 얼어붙어 있습니다. 이런 상황은 언제든 찾아올 수 있습니다. 그 때문에 기존 부동산 중개 업무 외에도 또 다른 자구책을 마련해야 할 필요성을 느껴 최근 2가지 새로운 분야에 관심을 갖기 시작했습니다.

먼저, 행정사 자격증을 취득할 계획입니다. 행정사 자격증을 취득하게 되면 중개사 업무와 관련한 업무 중 할 수 있는 범위가 넓어지기 때문입니다. 전장에 나갈 때 무기를 하나 더 장착하게 되는 것입니다. 행정사 자격증이 있으면, 내가 중개하지 않은 거래 대상에 대해서도 계약서를 쓸 권한이 생깁니다. 원칙상 중개사는 자기가 중개한 대상에 대해서만 계약서를 쓸 수 있기 때문에 중개사가 직거래, 연장 계약서 등을 작성하는 것은 엄밀하게 따지면 행정사법 위반 사항입니다. 하지만 암암리에 관행으로 이러한 계약서를 부동산 공인중개사들이 작성하고 있습니다. 행정사 자격증을 취득하면 저가 양도 등 '사실상 직거래'가 많은 부동산 하락기에 정당한 방법으로 중개 대상물 외의 계약서를 작성할 수 있게 됩니다.

특히 재개발 구역에서 행정사 자격증이 빛을 발할 수 있습니다. 재개발 구역 내에서 소유주들은 자신이 소유한 부동산의 감정평가액이 높아야 나중에 입주권을 받을 때 유리합니다. 그런데 부동산 감정 평가액이 너무 낮게 책정되었다고 생각해 이에 대해 반발해 비상대책위원회(비대위)를 꾸리는 일이 잦습니다. 비대위가 감정평가액에 대한 재감정을 원할 경우, 소송을 해야 합니다. 이때 소송은 법무법인이 담당하지만, 소송에 필요한 감정평가서와 청구서는 행정사가 작성합니다. 인천을 비롯한 수도권 등지의 재개발 구역이 많은 만큼 행정사의 청구서를 작성할 일이 많을 것 같아 이러한 수요를 고려해 행정사를 준비하게 되었습니다. 이 밖에 행정사들은 거래한 토지에 대해 전용(용도 변경)할 권한, 외국인에게 비자를 발급, 연장해주는 일 등의 일도 할 수 있습니다.

두 번째로는 또 다른 '머니 파이프 라인'으로 무인 아이스크림 점포를 창업했습니다. 이처럼 자구책으로 중개사 외에 다른 일을 준비하는 것을 권합니다.

10. 자신만의 분야에 대한 구체적인 노하우가 있나요?

중개사는 부동산과 관련된 지식을 일반인들에 비해 많이 알아야 합니다. 이것이 공인중개사 능력의 척도이기 때문에 '공부를 많이 해야 한다'라는 답변 외에 노하우는 없다고 생각합니다.

예를 들어, 부동산 투자를 하다 보면 세금 문제가 뒤따르는데 이에 대한 지식이 많으면 고객들에게 투자 컨설팅 상담을 해줄 때 유리합니다. 내가 가진 매물 중 고객에게 적합한 매물을 추천해줄 수도 있고, 적합한 매수 타이밍과 매도 타이밍을 권할 수 있습니다. 이런 과정이 한두 번 반복되면서 입소문이 나면 충성 고객을 여럿 확보하게 됩니다. 많은 공인중개사들이 자격증 취득 이후 공부하지 않는 경우가 많아 조금만 노력하면 차별화되기 때문에 살아남을 수 있습니다.

PART 06

고객의 마음을 얻어라

김홍철

공인중개사

현) 일루미 단지 내 공인중개사 사무소
    (부천시 계수동)

전) 부천시 소사동 한결공인중개사 사무소

블로그 : https://m.blog.naver.com/1good12
유튜브 : 일루미TV
    https://www.youtube.com/@TV-lr6rg

1. 부동산에 관심을 갖게 된 이유 및 계기와 공인중개사 자격증에 도전하게 된 계기는 무엇인가요?

의상학과를 졸업해 의류 제작, 납품하는 일을 했습니다. 밤낮없이 일해야 하고, 납기일을 맞추기 위해 퇴근이 없는 삶을 살아야 했습니다. 그런데도 손에 쥐어지는 돈은 고작 100만 원 남짓이었습니다. 이 일에서 경력이 15년, 20년인 선배들을 삶을 살펴봤을 때, 그들의 월급은 400만 원 남짓이었습니다. 이렇게 일해서는 인생이 달라지지 않을 것 같았습니다. 저는 집과 좋은 차를 모두 갖고 싶었습니다.

그러다 어떤 계기로 28살이었던 2008년부터 부동산과 관련된 일을 하게 되었습니다. 집은 누구에게나 필요한 것이기 때문에 집에 관한 일을 하면 돈을 많이 벌 수 있을 것이라고 막연하게 생각했습니다. 의류 관련 업종을 그만두고 제일 처음 시작한 일은 토지 매각, 그다음으로는 상가 분양, 경매 컨설팅, 토지 컨설팅 등의 일을 했습니다. 하지만 벌이가 많지는 않았습니다. 몇 달간 한 건도 거래하지 못해 영업하러 다니면서 식비로 신용카드를 사용하다 보니 어느새 신용불량자가 되어 있었습니다.

또한, 부동산을 분양하거나 경매 컨설팅을 할 때, 사려는 사람들에게 "공인중개사 자격이 있냐?"라는 질문을 받는 경우가 많았습니다. 경제적인 이유와 더불어서 전문성을 갖고 싶다는 의지로 2016년에 공인중개사 자격증을 취득했고, 8년째 공인중개사 업무를 하고 있습니다. 맨처음에는 소속공인중개사로 1년간 일했고, 2019년부터는 부천 소사동에서 개업공인중개사를 시작해 5년째 일하고 있습니다.

2. 소속공인중개사로 일할 때 근무지를 고르는 팁이 있나요?

직원이 여러 명 있는 사무실에 지원할 것을 추천합니다. 일하는 사람이 사장님 1명뿐인 곳에서는 허드렛일이나 사무실을 지키는 일 외에 일을 배울 기회가 적습니다. 직원을 여럿 고용하고 있다는 것은 그만큼 해당 공인중개사 사무소에 일이 많이 들어온다는 의미고, 대표의 사업 수완이 좋다는 의미이기도 합니다. 여러 중개 업무가 있으며 내가 꼭 경험하는 중개 업무가 아니더라도 다른 직원들이 하는 중개 업무를 보면서 간접 경험을 할 수도 있습니다.

직원이 많은 근무지를 구하기 어려워 어쩔 수 없이 소규모 공인중개사무소에 입사했다면, 일단 한두 달 정도를 다녀보고 배우는 일이 있는지 없는지를 판단해보는 것도 좋습니다. 만약 없다면 과감하게 그만두고 새로운 곳을 찾는 게 현명합니다. 초심자의 마음으로 배울 수 있는 시기는 길지 않기 때문에 최대한 배움이 많은 곳으로 가는 것을 추천합니다.

3. 자신만의 영업 노하우와 마케팅 비법을 알려주세요

영업 노하우

고객이 샀을 때 수익이 남을 만한 안전마진이 있는 매물을 권합니다. 매물에 대해 자신감이 있으려면 그만큼 해당 매물이 자리 잡은 곳의 입지, 호재를 비롯해 시장 상황을 바라보는 시각 등을 빠삭하게 알아야 합니다. 이런 상황을 모두 파악한 뒤에 매물을 권하면 중개사 입장에서도 자신감이 생기기 마련입니다.

몇 년 전에 소사역 인근 하름 골든뷰 오피스텔 분양 현장에서 매물을 받아 판 적이 있습니다. 소사역 인근 방 3개짜리 아파트가 5억 원 정도였는데, 해당 오피스텔은 3억 원 정도였습니다. 소사역에 서해선 개통을 앞두고 있기도 했고, 인근 단지와 비교했을 때 쓰리룸으로 규모도 비슷해 키 맞추기로 오를 것으로 전망하고 고객들에게 권했습니다. 실제 이 오피스텔은 5,000만 원~1억 원 정도 올랐습니다.

업무를 할 때 부동산 관련 지식도 중요하지만, 그만큼 중요한 것이 느긋하고 유쾌한 성격인 것 같습니다. 계약을 잘 쓰는 공인중개사는, 많이 알고 있는 공인중개사가 아니라 사람의 마음을 잘 얻을 수 있는 공인중개사입니다. 손님과 나 사이에 벽을 하나씩 없애는 것부터가 영업의 시작입니다. 예를 들면, 사는 곳, 고향이라든지, 뉴스 등의 이야기를 꺼내며 공감대를 형성하는 것이 중요합니다. 어느 순간 친구나 지인처럼 서로에 대해 호감을 느끼게 되고, 매물을 사라고 설득하기가 쉬워집니다. 사람을 대하는 일이므로 대인기피증이 있거나 내성적이면 이 일이 어렵게 느껴질 수 있습니다. 사람과 함께 있을 때 분위기를 좋게 만들 수 있는 능력이 어찌 보면 가장 중요하다고 할 수 있습니다.

마케팅 비법

요즘은 온라인으로 부동산 정보를 찾기 때문에 블로그 마케팅이 필수입니다. 현재 블로그를 운영 중인데 어떻게 하면 더 효과적으로 노출되고 클릭 수를 유도할 수 있을지 고민해야 합니다. 그러려면 사람들의 고민 지점이 무엇인지부터 파악하고 있어야 합니다. 그래서 매일 읽는 뉴스나 만나는 손님을 통해 요즘 투자 고민, 관심사에 대한 흐름을 놓치지 않으려고 합니다.

실제 그 덕에 홍보 효과가 있었습니다. 예를 들어, 4~5년 전 갭 투자가 유행이었을 때 블로그 게시물 제목에 '갭 투자'라는 단어를 사용했습니다. 당시 아무도 제목에 해당 단어를 넣는 사람이 없었습니다. 저는 '5,000만 원 갭 투자 아파트'라는 식의 제목으로 사람들의 클릭을 유도했습니다. 소액으로 할 수 있다는 점과 실질적인 정보도 줬다는 점에서 사람들의 이목을 끌 수 있었던 것 같습니다. 또 다른 좋은 제목의 예시로는 '주인이 살고 싶었지만 못 사는 집', '선착순 계약, 먼저 클릭하는 사람이 가져간다' 등이 있습니다. 사람들의 다급한 심리를 자극하는 것이 좋습니다.

4. 향후 투자 및 중개에 관한 계획을 말씀해주세요

중개

거래가 일어나는 곳에 가야 합니다. 그래서 입주를 앞둔 대단지 아파트로 이전할 계획입니다. 매매가 활발하지는 않더라도 새 아파트인 만큼 전세나 월세 거래가 활발할 가능성이 크기 때문입니다. 지난해까지 주택 시장은 거래 절벽이었는데, 이럴 때는 매매 거래에만 의존하지 말고, 전월세 거래라도 할 수 있는 곳으로 이동해야 합니다.

투자

법인을 이용해 상가 경매 투자를 할 계획입니다. 당장 금리가 높아 월 임대료를 받아도 이자를 방어하는 수준으로밖에 받을 수 없겠지만, 장기적으로 안정적인 임대 수익을 얻을 것을 기대하고 입지 좋은 곳을 찾고 있습니다.

PART **07**

이곳이 바로 화곡동
인생 부동산입니다

민경관

공인중개사

현) 로얄부동산 공인중개사 사무소
    (서울특별시 강서구)

현) 주택도시보증공사 전세피해지원센터 법률상담
    협력공인중개사

현) 27회 공인중개사 모임 총무

블로그 : https://m.blog.naver.com/powermkk

네이버 부동산 : https://m.land.naver.com/
                 agency/info/roy89816

이메일 : powermkk@naver.com

1. 간단하게 자기소개를 부탁드립니다

벌들이 찾아오게 유혹하는 꿀처럼 화곡동 주민들의 마음을 사로잡아 만기일에 또 찾아오고 싶게 만드는 민경관 대표입니다. 저는 서울 강서구 화곡동에서만 8년간 공인중개사 업무를 하고 있습니다. 2015년부터 아버지가 운영하던 공인중개사 사무소에서 중개보조원 1년, 소속공인중개사로 3년 일하고, 2019년 화곡동에서 20년 동안 운영 중이던 공인중개사 사무소를 인수해 4년째 개업공인중개사로 일하고 있습니다.

2. 다른 사람이 운영하던 공인중개사 사무소를 인수한 이유가 있나요?

개업을 하게 되면 내가 잘 아는 지역인 화곡동에서 하고 싶었습니다. 또 오래된 공인중개사 사무소였으면 좋겠다는 바람이 있었습니다. 한자리에서 오래 공인중개사 사무소가 없어지지 않고 운영되었다는 것은 그만큼 해당 공인중개사 사무소를 신뢰하는 사람들이 많아 일감이 끊이지 않는다는 의미라고 생각했기 때문입니다. 실제로, 단골손님들이 많았고, 주인이 바뀌어 제가 운영할 때도 이전 대표님의 기존 고객들이 자주 찾아주셨습니다.

화곡동은 최근 사회 문제로 대두됐던 전세 사기가 만연한 지역입니다. 실제 신축 빌라 분양, 임대 '작업'을 하고 1~2년 만에 폐업하는 등 이른바 '떴다방'처럼 운영하는 컨설팅 공인중개사 사무소가 많습니다.

그래서 화곡동을 찾는 고객들은 늘 어떤 공인중개사 사무소를 가야 할지 고민해야 합니다. 이런 가운데 제가 운영하는 공인중개사 사무소는 한자리에서 오랫동안 운영한 만큼 고객들이 신뢰하고 찾을 수 있으리라 생각했습니다. 그리고 동네에서 나고 자라 오랫동안 살았던 만큼 손님들에게 믿을 만한 매물을 소개해줄 수 있어 해당 공인중개사 사무소를 인수하는 데 제가 적임이라고 생각했습니다.

3. 공인중개사 자격증에 도전하게 된 이유와 계기는 무엇인가요?

공인중개사인 아버지의 공인중개사 사무소에서 중개보조원으로 처음 부동산 관련 업무를 접했습니다. 일을 할수록 부동산에 관련된 전문지식과 법률이 궁금해졌습니다. 특히 아버지께서 부동산 계약의 시작과 끝을 모두 책임지고 마무리하시는 모습이 멋져 보였습니다. 나도 직접 공인중개사 사무실을 운영해보고 싶다는 생각이 들었습니다. 주변에 동기 부여되는 환경을 갖춘 덕에 2016년 27회차 공인중개사 시험에 동차 합격하면서 자격증을 취득하게 되었습니다.

4. 중개사 업무를 하면서 특히 매력적인 부분이 있다면?

매수자 혹은 임차인 고객들에게 집을 구해줄 때 누군가에게 필요한 존재가 되었다는 생각에 특히 보람을 느낍니다. 마치 보물찾기를 하는 기분입니다. 주택 중개 거래는 단순히 물건을 거래하는 것 이상으로 누군가의 정확한 니즈에 맞게 가치를 제공하는 것으로 생각하기 때문입니다.

개인적으로는 일반 직장인들과 달리 시간을 유동적으로 쓸 수 있다는 점, 다른 사람에 비해 좋은 조건의 물건(급매)을 빨리 볼 수 있다는 점도 장점입니다.

5. 부동산 중개 시장과 부동산 투자 시장을 바라보는 자신만의 시각을 말씀해주세요

부동산 중개 시장에 대한 생각

부동산 중개업은 이미 레드오션 시장임에도, 시장에 참여하는 공인중개사의 수는 계속 늘고 있습니다. 이 가운데 계약서를 쓰는 사람은 계속하고, 못 쓰는 사람은 계속 못 쓰는 양극화가 벌어집니다. 계약을 성사시키는 중개사로 살아남기 위해서는 결국 자신만의 무기를 만들고, 그에 걸맞은 서비스를 제공해야 합니다.

저의 경우에는 과거 배관공 용접공으로 일했던 경험을 살려 중개 업무를 수행합니다. 예를 들어 임차, 매매 계약을 앞둔 집에 개선해야 할 부분이 있을 때 저는 간단한 수리 정도는 서비스로 제공합니다. 이는 다른 중개사들은 따라 할 수 없는 저만의 차별화 포인트입니다.

또 화곡동에서 오랫동안 살았고, 한자리에서 오랜 기간 공인중개 업무를 하고 있다는 것도 인근 다른 공인중개사 사무소에 비해 장점으로 어필할 수 있습니다. 동네를 잘 알고 있기 때문에 고객이 원하는 최적의 매물을 보여줄 수 있습니다. 다른 지역에서 새로운 동네로 이사를 오려고 하는 고객들은 내가 고르는 매물이 이 일대에서 좋은지, 안 좋은지 비교하기가 쉽지 않습니다. 하지만 화곡동에서 오랜 기간 살아봤고 중개한 경험을 이야기하면 어떤 다세대주택이 좋은지, 안 좋은지 기준을 제시해줄 수 있습니다. 이처럼 자신이 가진 조건 중 어떤 부분을 손님들에게 강조할 수 있을지를 늘 고민해야 합니다.

부동산 투자 시장에 대한 생각

현재 주택 투자를 할 경우, 보유기간 2년 미만이면 단기 양도세가 부과되기 때문에 투자자들에게 최소 2년 이상은 보유하라고 권합니다. 투자 자산 중 부동산은 환금성이 낮고, 부동산 경기 사이클이 있다 보니, 매도 타이밍을 잡기가 어렵다는 점도 장기 투자를 권하는 이유입니다.

저는 최근 화곡동 일대 다세대주택에 투자했습니다. 노후도가 30년 이상인 주택이라 모아타운으로 선정될 것으로 기대했기 때문입니다.

실제로 지난해 모아타운으로 선정되어 기다리고 있습니다. 오래된 주택인 만큼 당장 실거주하기에 좋은 여건은 아닌 집입니다. 하지만 정비 사업이 진행되고 새 집으로 바뀌게 되면 그 가치는 높이 뛸 수 있습니다. 저 또한 장기 투자를 한 것입니다.

6. 화곡동의 중개 업무 특징이 있다면?

화곡동에서 사무실을 운영하면 다양한 중개 대상물을 접할 수 있다는 장점이 있습니다. 아파트 단지에서 중개를 하다 보면 아파트 외에 다른 중개 대상물을 접할 기회가 상대적으로 줄어듭니다. 하지만 화곡동 일대에는 아파트, 빌라, 오피스텔, 다가구주택, 다세대주택이 있고, 먹자골목이 있어 상가 임대도 해볼 수 있습니다. 특히 최근 주택 시장이 불황이었을 때에는 다른 중개 대상물을 통해 수익을 낼 수 있었습니다. 특히 전월세 거래의 경우, 매매 시장과 달리 늘 수요가 있기 때문에 최근 하락기에도 잘되는 달에는 10~15건, 적어도 월 3~5건 정도의 거래를 진행할 수 있었습니다.

또한, 화곡동은 공인중개사 사무소 간의 네트워크가 잘되어 있는 것이 특징입니다. 다른 공인중개사 사무소와 열린 공동 중개로 고객님의 니즈에 맞는 물건을 찾아줄 수 있다는 장점이 있습니다.

7. 자신만의 영업 노하우와 마케팅 비법을 알려주세요

영업 노하우

과거, 병원에서 총무관리과, 조선소에서 배관공 용접사로 일했습니다. 언뜻 부동산과 크게 관련이 없는 일인 것처럼 보이지만, 일부 도움이 되는 면도 있었습니다. 배관공 용접사로 일하면서 전기, 수도 등 설비를 다룰 수 있게 되었습니다. 다세대주택이나 다가구주택의 원룸 전월세의 경우, 수리해야 하는 일이 많은데 이전에 설비를 다뤘던 경험을 살려 간단한 공구를 다루거나 욕실 내부에 있는 수전 교체 등을 직접 서비스하기도 합니다. 직접 할 수 없는 수리 업무는 어떻게 하면 저렴하게 처리할 수 있는지 등의 정보를 줍니다. 처음에는 손님들이 내는 중개보수 안에서 최대한의 서비스를 제공한다는 생각으로 하게 된 일이었는데, 이 점이 손님들이 지속해서 저를 찾는 매력 포인트가 되었습니다.

마케팅 비법

우선 온라인 마케팅의 경우, 네이버에 매물을 올리는 일에 집중하고 있습니다. 하루에 적어도 3~4개의 물건이 접수가 되는데 그 물건들을 방문해 사진을 찍고, 고객 미팅 등을 마친 뒤 올리는 데까지 적지 않은 시간이 듭니다. 그래서 가장 효율적인 홍보 수단을 택해야 합니다. 직방, 다방, 피터팬, 파워링크, 유튜브 등을 모두 이용해봤는데, 네이버 부동산에 매물을 올리는 게 투입 시간 대비 가장 효율적이었습니다. 블로그나 파워링크의 경우 돈이 들지 않는 광고 방법이지만, 시간이 많이 들고 진성 계약 고객을 만나기 쉽지 않습니다. 반면 네이버 부동산에 올린 매물을 보고 찾아오는 고객은 소개 글에 나온 특장점 때문에 찾아오는 것이어서 계약이 성사될 확률이 더 높습니다.

광고법 때문에 유튜브, 블로그에 올린 매물 거래가 완료되면, 원칙상 삭제를 해야 해서 너무 번거롭다는 점도 단점입니다. 최대 효율을 추구하기 위해 네이버 매물에 집중하는 이유입니다. 전월세 물건인 경우, 네이버 부동산에 빨리 올려 선점하는 것도 거래가 잘되게 하는 중요한 요소입니다. 전월세의 경우 전속 매물이 아니라 여러 사무실에 동시에 물건을 내놓기 때문입니다. 손님들은 여러 사무실 중 가장 먼저 매물을 올린 곳에 가장 먼저 연락할 가능성이 큽니다.

오프라인으로는 기존 고객을 관리하는 데 집중합니다. 하루에 접수되는 물건을 정리하고, 네이버 클라우드에 공실일 때 사진을 업로드하고, 투자자들에게 주기적으로 한 번씩 연락을 돌립니다. 가격이 괜찮은 좋은 물건이 나오면, 투자 권유를 하기도 합니다. 집주인들이 필요해서 연락하기 전에 제가 먼저 연락하는 경우도 많습니다. 집주인들이 화곡동에서 멀리 떨어진 곳에 사는 경우가 많아 관리·수리할 부분이 생기면 제가 먼저 연락하기도 합니다. 집주인이 먼저 연락하기 전에 주택 관리를 하다 보면, 제가 자신의 물건을 살뜰히 챙겨준다는 생각에 해당 주택에 대한 다음 계약을 맡기면서 저에게는 전속 매물이 생깁니다. 또 해당 집주인은 화곡동에 다른 매물에 투자할 때도 저를 찾게 됩니다. 충성 고객이 생기는 과정입니다.

8. 향후 투자 및 중개에 관한 계획을 말씀해주세요

이번 경기 침체로 부동산 하락장을 처음 겪다 보니 공인중개사 사무소 운영에도, 마음과 가정에도 타격이 컸습니다. 수입이 적어 힘든 시기를 겪다 보니 '부동산 중개업도 유지하면서 안정적으로 수입을 확보할 수 있는 별도의 다른 사업을 하면 어떨까?'를 구상하며 공부하고 있습니다.

최근에야 거래세가 조금 회복되기는 했지만, 언제 또 위기가 찾아올지 모릅니다. 또 아직 계속해서 하락세인 곳도 많습니다. 하지만 위기 속에도 기회를 찾아 잘 버텨야 한다고 생각합니다. 모두가 어려운 이 중개 시장에서 분명 배울 점이 있음을 명심하며, 늘 초심을 잃지 않으면, 물건 관리, 고객 관리, 광고 관리 등의 기본적인 것을 굳건하게 자리 잡아 나갈 수 있을 것입니다.

9. 공인중개사 사무소 운영 외 겸업으로 하는 것은 무엇인가요?

최근 프리미엄 고시원 운영 사업을 진행 중입니다. 화곡동에서 주로 원룸 전월세를 거래하다 보니 원룸 수요는 많은 데 비해 공급이 계속 줄어들고 있는 시장 상황을 파악했고, 고시원을 운영하면 수요가 있을 것이라는 생각이 들었습니다. 또 부동산 중개 업무로 얻는 수입이 들쑥날쑥하다 보니 고정 수입을 얻을 방법을 생각하다가 최근 시작하게 되었습니다. 특별히 시간을 많이 투자하지 않아도 되기 때문에 부동산 중개업과 겸업이 가능하다는 장점도 있습니다.

10. 자신만의 분야에 대한 구체적인 노하우가 있나요?

한 동네에서 오랜 시간 사무실을 하고 싶은 저는 무엇보다 평판과 신뢰가 중요하다고 생각합니다. 우선 주말에는 동네 주민들과 까치산에서 운동도 하는 등 친목을 도모하면서 총무를 맡아 책임감 있게 활동하는 등 지역 내에서 입지를 쌓고 있습니다. 또한 부동산 모임을 통해 사장님들의 영업 노하우를 배우고, 정보 교환 또한 적극적으로 하고 있습니다.

동네에서 하는 활동뿐만 아니라 대외적인 활동으로는 2016년 12월에 생긴 27회 공인중개사 모임에서 7년째 총무 직책을 맡고 있습니다. 전국 단위 모임이다 보니 다른 지역의 정보를 받을 수 있다는 이점이 있습니다. 물건이 한정적이기 때문에 공동 중개를 할 일이 많은데, 이때는 인맥이 중요합니다. 이런 식으로 주변 공인중개사 사무소나 다른 지역 공인중개사 사무소와 관계를 잘 유지하기 위해 노력하고 있습니다.

공인중개사 사무소 운영 시 직원 관리도 중요합니다. 현재 소속공인중개사이신 직원분과 공통의 목표를 향해 나아가는 과정에서 불협화음이 난다면 어떤 화음으로 조화를 이뤄나갈지 더 공부하고, 연구하며 항상 고민하고 있습니다. 개업공인중개사로서 나만의 업무뿐만 아니라, 직원과 마음을 잘 맞춰 꾸준한 계약이 나오도록 노력하고 있습니다.

마지막으로 가장 큰 노하우는 바로 건강 관리입니다. '건강한 신체에서 건강한 정신이 나온다'라는 말처럼, 체력 관리가 가장 큰 노하우이며 재산입니다.

11. 소속공인중개사 혹은 중개보조원을 뽑을 때 기준이 있나요?

저의 경우, 사무실을 인수할 당시, 이미 직원분이 근무하고 계셔서 따로 뽑아본 경험은 없습니다. 만약 직원을 뽑는다면, 중개보조원보다는 소속공인중개사를 우선해서 채용할 것 같습니다. 아무래도 최근에 중개보조원이 전세 사기에 가담한 이슈도 있고, 부동산 중개업을 하는데 법률적인 지식이 많이 필요하다고 생각하기 때문에 자격증을 취득하고 연수 교육까지 받으신 소속공인중개사를 뽑을 것 같습니다.

나는 공인중개사다!

PART 08

공인중개사는 뛴 걸음 수만큼 보상을 받을 수 있는 정직한 직업이다

안상화

공인중개사

현) 강남공인중개사 사무소(서울특별시 강남구)

이메일 : art558985@naver.com

1. 부동산에 관심을 갖게 된 이유와 계기, 공인중개사 자격증에 도전하게 된 이유와 계기는 무엇인가요?

1989년 대학 전공을 고민하던 당시, 여행하면서 일할 수 있는 직업을 선택한다는 환상을 품고 관광경영학과에 입학했습니다. 졸업 후, 서울 중구 무교동에 있는 여행사에서 직장생활을 시작했지만, 1997년에 IMF 여파로 실직하게 됩니다. 당시 형이 운영하는 사업체에서 임시로 일하면서 생활하고 있었는데, 친구의 권유로 직장생활과 병행하면서 공인중개사 자격증 공부를 시작하게 되었습니다. 2002년에 공인중개사 1차 시험에 합격하고, 다음 해인 2003년에 공인중개사 2차 시험에 합격했습니다. 같은 해 강남구에서 개업공인중개사를 시작했고, 지금까지 강남에서 공인중개사 사무소를 운영하고 있습니다. 강남에서 사업을 하는 친구를 통해 강남의 여러 부자를 만나볼 수 있었습니다. 강남은 부동산 가액이 높은 만큼 높은 보수를 받았고, 이것이 매력적이라고 느껴졌습니다.

2. 개업할 때 공인중개사 사무소 위치는 어디가 좋을까요?

사무실을 개업할 때 위치를 선정하기 전 가장 먼저 고려해야 하는 것은 본인이 자신 있게 중개할 수 있는 부동산 종류가 무엇인지를 알고 있어야 한다는 것입니다. 중개 대상물로 아파트, 상가, 업무용 건물, 혹은 토지 중에서 무엇을 중점적으로 다룰 것인지와 주로 매매를 중개할 것인지와 전월세 중개할 것인지를 결정해야 합니다. 그래서 공인중개사 사무소를 오픈하기 전에 여러 선배님의 도움을 받아 다양한 종류의 부동산 물건과 고객들을 접해보기를 추천합니다.

자신의 강점이 무엇인지(잘 거래할 수 있는 중개 대상물이 무엇인지) 파악한 후 위치를 정해야 합니다. 입지는 '고고익선'이라고, 좋은 곳에 개업하는 게 낫습니다. 입지가 좋을수록 계약금액이 커지는데, 중개보수율은 전국이 동일합니다. 일반적으로 낮은 금액의 물건을 계약시키는 것이 큰 금액의 거래를 계약시키는 데 들이는 공보다 적을 것 같지만 거의 같습니다. 싸다고 거래가 쉬운 것은 아니기 때문입니다. 어차피 부동산은 각자 구매할 수 있는 것 중 비싼 것을 거래하는 것이고, 해당 금액을 지불할 수 있는 손님이 올 뿐입니다.

다만 최근에는 물건을 인터넷으로 찾는 시대입니다. 발품으로 물건을 찾던 시기에는 부동산 위치가 계약 건수와 비례한다고 말할 수 있었지만, 앞으로는 고객이 찾는 물건을 인터넷상에서 제일 먼저 눈에 띄게 하는 게 계약을 이끌어내는 중요한 조건입니다.

3. 소속공인중개사 혹은 중개보조원을 뽑을 때 기준이 있나요?

내가 잘 못하는 부분은 잘하는 사람과 함께 일하는 게 좋습니다. 이른바 '레버리지'를 할 수 있게 분배해야 각자 잘할 수 있는 것에 집중할 수 있어 효율적이기 때문입니다. 저의 경우, 인터넷 광고를 해야 하는데 저는 이 부분에 특화되지 않았기 때문에 해당 영역에 특화된 사람을 뽑았습니다.

그리고 이것은 기본적인 사항인데, 고객에게 사기를 치지 않고 근면 성실하게 열심히 하는 직원을 구하는 게 중요합니다. '인사가 만사(人事 萬事)'라고, 근면하고 성실한 직원을 뽑는 일이 계약을 성사시키는 일보 다 어렵다고 생각합니다.

4. 중개 시장에서 무엇을 주력으로 하고 있나요?

현재 운영하는 공인중개사 사무소가 이면도로 주택가에 있다 보니 단기 풀옵션 전월세 거래를 많이 중개하고 있습니다.

5. 최근 거래 절벽이었는데, 자구책은 무엇이었나요?

작년부터 금리가 크게 올라 거래가 위축되면서 새롭게 거래할 만한 상품을 찾았습니다. 분양 상품을 알선하는 일입니다. 분양 물건을 소개 (분양팀 부동산 업무)해 계약이 성사되면 분양 수수료를 받습니다. 알선 수 수료는 매매했을 때보다 오히려 금액이 큽니다. 그래서 현재 분양 중인 오피스텔, 아파트 등 다양한 모델하우스를 방문해 직접 투자 가치가 높 은 매물을 구하러 다녔습니다. 미리 해당 상품의 입지, 상품성 등이 괜 찮은지 알아보고 분양 관계자에게서 매물을 확보합니다. 공인중개사 사무소를 방문한 고객들이 투자 상품을 찾고 있는 경우, 이들 상품을 권하기도 합니다.

부동산 불황기라도 브랜드 가치, 미래 가치가 있고, 고객의 니즈에 맞다면 시세 대비 비싸더라도 제안했습니다. 예를 들어, 실거주 주택을 찾는 경우라면 발코니 확장 무료, 중도금 무이자라든지 등의 조건이 있다면 손님들도 합리적이라고 생각하고 거래합니다.

분양 알선 사례가 많아지면 분양사무소 직원들과도 친분을 쌓을 수 있습니다. 친해진 직원들은 분양 후 입주 시점에 새롭게 도와줄 업무(전세, 월세 거래 등)를 맡기기도 하고, 새로운 투자 가치가 높은 분양 현장 물건을 소개해주기도 합니다. 좋은 매물은 제 발로 걸어 들어오지 않습니다. 분양 현장에서 물건을 들고 강남 공인중개사 사무소를 간혹 먼저 찾아오기도 합니다. 하지만 모든 사무소에 들르는 것은 아닙니다. 찾아오지 않는 현장은 내가 직접 나가야 합니다. 좋은 물건을 찾으려는 노력을 계속해야 합니다. 직접 좋은 매물을 찾으려는 노력 덕에 거래 절벽 시기에도 버틸 수 있었습니다. 지난해 기준 초반 금천구 독산동 오피스텔에서 5건 정도 거래했고, 2023년 초 천안 두정동 아크로텔 2건을 거래했습니다.

최근 강남권에서는 자녀들이 실거주할 목적으로 강남 인근 프리미엄 오피스텔을 찾는 수요가 있습니다. 특히 방학 때는 학원가 인근 오피스텔은 오히려 공급 대비 수요가 많습니다. 외국에서 한국으로 잠시 들어오는 사업자들도 단기로 얻을 수 있는 오피스텔에서 생활하는 경향이 있습니다. 이들은 사업자인 만큼 경비 처리할 수도 있어 400~500만 원 월세도 충분히 감당합니다. 이 때문에 투자 수요도 꽤 꾸준한 편입니다.

6. 자신만의 영업 노하우와 마케팅 비법을 알려주세요

고객들과 꾸준히 소통하고 관리한다는 인상을 주는 것이 가장 중요합니다. 그래서 카카오톡 메시지를 통해 새로운 부동산 정보를 꾸준히 보냅니다. 예를 들어, 정부에서 발표한 정책이 고객이 보유했거나 관심이 있던 부동산에 어떻게 적용이 되는지 등입니다. 블로그, 홈페이지 등에 새로운 부동산 매물을 고객들이 볼 수 있도록 하고, 명절에는 간단한 안부 인사라도 돌립니다. 이러한 정보는 계약을 체결한 고객들에게뿐만 아니라 계약이 성사되지 않은 고객들도 따로 리스트를 만들어 보냅니다. 당시 고객에게 적합하지 않아 계약이 성사되지 않았을지라도 새롭게 들어오는 매물 중 고객에게 적합한 것이 있을 수 있기 때문입니다.

7. 내 물건을 찾아올 수 있게 하는 팁이 있나요(차별화 포인트)?

인터넷 블로그, 파워링크 등에 매물을 올릴 때 다른 공인중개사 사무소에서 보유한 물건과 내가 보유한 물건을 비교해 내 물건이 거래될 수 있도록 하려면 고객들의 눈에 띄는 것이 중요합니다. 그렇기에 우선 강남구 원룸, 풀옵션룸 등 키워드를 잘 잡아야 합니다. 이때는 상위에 노출된 블로그를 참고해 블로그 제목이나 내용에 넣을 키워드를 선정합니다. 사람들이 글을 보고 오래 머물게 해야 하기 때문입니다.

8. 상대적으로 상품 가치가 떨어지는 매물을 거래할 때는 어떻게 하나요?

가격에 비해 현재 상품성이 떨어지면 경우에는 미래 가치에 초점을 맞춰 광고합니다. 만약 미래 가치를 강조하는 방법이 통하지 않으면, 임대인을 설득해 매물의 금액을 내리게 합니다. 비슷한 수준의 금액대인 건물이 더 컨디션이 좋은데 우리 매물이 더 비싸다는 식으로 말입니다.

9. 현재 보유하고 있는 부동산 및 앞으로 투자 계획이 있나요?

2018년 강서구 화곡동에 있는 도시형생활주택에 월세 수익을 볼 요량으로 투자했는데, 운 좋게도 해당 부동산이 있는 구역에 재개발을 추진 중입니다.

당분간 부동산 시장 불황이 지속될 것이라 예상하는 만큼 미분양 입주아파트(악성 미분양)가 나올 텐데 그러면 각 시행사는 할인 분양을 할 가능성이 큽니다. 이때 할인으로 분양하는 아파트 분양권을 매입할 계획입니다. 원 분양가에 아파트를 분양받았던 사람이 있으므로 할인 폭만큼 안전마진이 있다고 보면 됩니다. 실제 2016~2017년 당시, 청계두산위브더제니스는 준공 후에도 미분양 상태였습니다. 당초 59평짜리 아파트가 13억 원에 분양했으나 10억 원에 할인 분양했습니다. 요즘에야 대형주택이 귀하다고 하지만, 당시에는 대형주택이 인기가 없었습니다. 그런데 그 매물 시세가 지금은 15~20억 원 정도입니다. 당시 할인 분양한 사람은 8억 원의 전세를 끼고 투자금 2억 원에 매입했는데, 사실상 10억 원 정도를 번 것입니다.

PART 09

단골 고객의 수는 공인중개사의
정보량과 솔직함에 비례한다

엄대식

공인중개사

현) OK공인중개사 사무소(충청남도 천안시 동남구)

유튜브 : https://youtube.com/@OKTV
카페 : https://cafe.naver.com/phcht12
홈페이지 : https://okbds.kr

1. 부동산에 관심을 갖게 된 이유와 계기는 무엇인가요?

공인중개업을 하기 전에는 패션, 미술 등과 관련한 업계에서 사업을 했습니다. 그러던 중, 부모님의 권유로 공인중개사 자격증을 따게 되었습니다. 안정적이고 정년퇴직이 없는 직업이라는 점 때문이었습니다. 당시에는 부동산에 관심이 없었지만, 오히려 공인중개사 시험공부를 하면서 흥미를 느껴 합격 후 7년 차 공인중개사로 일하는 중입니다.

2. 이전 업무에서 부동산 중개 업무에 도움이 되는 부분이 있나요?

미술, 패션 업계는 여느 업계에 비해 트렌드에 민감한 업계라 변화를 지속해서 감지해야 합니다. 변화에 익숙하다 보니 계속해서 변화하는 부동산 업계 트렌드를 따라가는 데도 수월했습니다. 예를 들면, 과거에 부동산은 사무실 안에서만 판매하는 상품이었지만, 최근에는 유튜브 라이브나 블로그를 통해서도 판매할 수 있게 되었는데, 저 또한 이를 따라 금세 유튜브로 부동산 매물을 홍보할 수 있었습니다. 이처럼 부동산에 대한 젊은 층의 수요가 많아지면서 미디어를 활용하는 능력이 중요해졌습니다. 저는 트렌드를 읽는 데 익숙했기 때문에 이러한 흐름을 따라가는 데 수월했습니다.

3. 부동산 중개 시장과 부동산 투자 시장을 바라보는 자신만의 시각을 말씀해주세요

솔직 당당함을 무기로 중개 시장에서 살아남으려고 합니다. 중개 업무를 시작하고 6년간 원룸, 상가, 단독주택, 아파트, 토지, 공장 등 가리지 않고 중개하고 있습니다. 다만 어떤 중개 대상물을 중개하든 중개는 사람과 사람 사이에서 벌어지는 일이기 때문에 나만의 곧은 심지를 가져야 합니다. 어떤 물건을 중개하든 단점에 대해서도 솔직하게 이야기할 수 있어야 당당할 수 있습니다. 오히려 이런 당당함에 고객들과의 소통도 끊이지 않는 것 같습니다.

4. 중개 대상물별로 잘 맞는 성격의 특징이 있나요?

아파트

자신이 영업하는 지역에 대해 빠삭하게 알고 있는 사람이 무조건 유리한 상품입니다. 그래서 해당 지역에서 직접 장도 보고, 아이들 학교도 보내본 여성분들에게 유리합니다. 아파트를 선택하는 주체가 대부분 학부모인 여성이 많기 때문입니다. 같은 여성이기 때문에 타깃 고객이 이 동네를 왜 찾는지, 타깃 고객의 고충을 누구보다 잘 알고 있어 물건을 잘 팔 수 있습니다.

상업용 부동산

상업용 부동산은 미용실, 네일샵 등 일부 업종을 제외하고는 남성 사업주가 임차인으로 들어오는 경우가 많습니다. 사업주인 만큼 수익을 내는 것이 중요해 해당 상권이나 부동산에 대한 정보도 많고 공격적입니다. 이들은 해당 지역 거주자보다 동네에 대해 빠삭한 경우가 많습니다. 그렇다면 공인중개사가 상업용 부동산을 중개할 때 무엇이 중요할까요? 바로 해당 업종에 대해 잘 알고 있어야 합니다. 좀 더 정확히 말하면, 사업주의 수익을 증대할 수 있을 만한 정보를 잘 알고 있어야 한다는 말입니다. 예를 들어, 술집을 운영하려는 임차인인 경우, 어떤 주류 회사를 통해 공급받아야 좀 더 저렴하게 유통할 수 있는지, 미용실을 운영하려는 임차인이라면 미용 재료를 어디에서 싸게 공급받을 수 있는지 등입니다. 또 사업체 양도를 한다면 사업체를 대신 내주는 상인회가 있는지 등 장사할 때 실질적으로 도움이 될 만한 정보를 알려줄 수 있어야 그 공인중개사 사무소를 믿고 거래할 확률이 높아집니다.

전원주택

전원주택 매물을 찾는 손님들은 가족 단위로 방문하는 경우가 많은데, 상품이 고가인 만큼 결정권을 가진 사람이 누구인지 파악하는 게 중요합니다. 그래서 눈치가 빠른 사람에게 잘 맞는 상품입니다. 예를 들어, 계약을 결정할 가족 구성원이 전망을 중시한다면, 전망을 잘 갖춘 상품을 권하고 그 장점을 강조하는 식입니다. 혹은 결정권자가 텃밭을 갖춘 집을 원한다면, 인근 전원주택 중 텃밭을 갖춘 주택이 희소하다는 점을 강조하는 식으로 말이죠.

토지

토지는 개발 호재에 영향을 많이 받는 상품인 만큼 뉴스를 신속하게 인지하고 있어야 합니다. 매일 지역 정보를 스크랩하고 손님들에게 브리핑할 수 있어야 합니다. 예를 들어, 특정 지역이 국가 산업단지에 포함된다는 내용으로 발표가 나는 경우, 토지를 공개 열람할 수 있는데 관련 발표와 발표 내용과 관련한 부차적인 정보를 섞어서 스크랩한 뒤 블로그에 띄워주면 그 토지를 매도·매수하려는 손님들의 관심을 얻을 수 있습니다.

5. 자신만의 영업 노하우와 마케팅 비법을 알려주세요

최근 파악한 바로는 유튜브가 활성화되면서 연예인과 비연예인 간 경계가 허물어지고, 누구나 연예인이 될 수 있는 시대라는 것입니다. 그런 만큼 개인 브랜딩, 홍보가 더욱 중요한 시대가 되었습니다. 부동산 중개업계도 마찬가지입니다. 지금은 유튜브가 자기를 알리는 주요 플랫폼이지만, 추후에는 그 플랫폼이 다른 것으로 대체될 수도 있겠습니다.

다만 플랫폼을 통해 자기 브랜드를 살려야 살아남을 수 있다는 사실은 변하지 않을 것입니다. 그래서 빠르게 변화하는 시대의 흐름을 타기 위해서는 우선 자기 자신을 가장 먼저 잘 알아야 합니다. 내가 가장 잘하는 것이 무엇인지 파악하고, 그것을 최근 흐름에 맞춰 어떻게 PR할 수 있는지 등을 고민해야 합니다. 제 경우, 현재 운영하는 사업체인 OK 공인중개사 사무소라는 부동산 브랜드와 엄대식이라는 캐릭터를 각인시키기 위해 힘을 쓰고 있습니다.

6. 브랜딩 강화를 위해 유튜브를 어떻게 차별화하고 있나요?

현재 삼성 공장이 자리 잡은 천안에서 주로 거래하다 보니 삼성 직원들과 대화를 나눌 일이 많았습니다. 그런데 삼성이 주력해서 만드는 것이 VR선글라스라고 합니다. 그렇다면 언젠가 미래에는 캐릭터들이 저를 대신해 대면접촉 없이 중개거래가 이뤄지는 시대가 올 것으로 생각했습니다.

그래서 저는 유튜브든, 카페든 안경을 쓴 제 모습과 닮은 '엄소장' 캐릭터를 강조하고 있습니다. 다른 부동산 중개사 유튜버들이 매물에 관한 내용을 강조하는 것과는 조금 다르죠? 현재 제 캐릭터를 강조한 채널 '엄소장이 간다'를 운영 중입니다. 물건은 거래가 된 이후에 소진되어버리면 잊히지만, '엄소장'이라는 캐릭터는 제가 중개업계에 남아 있는 이상 사람들 뇌리에 기억될 것입니다.

지금 당장은 이 캐릭터가 거래에 직접적인 영향을 미쳐 수익을 높여준다고 하기는 어렵습니다. 하지만 언젠가 비대면으로 거래하는 시대가 온다면 천편일률적인 부동산 공인중개사무소보다도 개성 있고 톡톡튀면서도 한 번 더 눈에 익숙한 캐릭터에 마음이 갈 것입니다.

캐릭터의 장점은 한 번에 여러 명을 상대할 수 있다는 점입니다. 지금은 중개사와 대면으로 접촉해 계약을 맺는 시대라 캐릭터가 나 대신 계약을 맺는 모습이 아직 와닿지 않을 수 있겠습니다. 하지만 언젠가는 분명 비대면으로 고객을 응대하고 계약까지 맺는 시대가 올 것이라고 생각합니다. 이때 제 캐릭터가 빛을 발할 것입니다. 사람은 1명이기 때문에 여럿을 상대하기 어렵지만, 캐릭터는 그렇지 않습니다. 이미 저는 제 캐릭터가 곧 저라는 인식을 고객들에게 심어줬기 때문에 비대면으로 '엄소장 캐릭터'가 저를 대신해 고객을 응대해도 이상할 게 없을 것입니다. 즉, 언젠가 이 캐릭터가 수익을 높여주는 장치가 될 수 있으리라 생각합니다. 그래서 지금 유튜브 안에서도 안경을 쓰고 등장하고 내 모습을 사람들에게 각인시킬 수 있도록 노력하는 것은 언젠가 닥쳐올 미래를 준비하는 행위라고 보시면 됩니다.

7. 유튜브 외에도 브랜딩하기 위해 하는 노력이 있나요?

네이버 카페를 개설해 소통을 강화하고 있습니다. 카페는 여타 다른 SNS보다도 고객의 정보 기록을 남기는 창고로 더 좋은 수단입니다. 유튜브의 경우 매물이 팔리면 삭제를 해야 해 고객들의 데이터를 쌓아두기가 어렵습니다. 하지만 카페는 고객들의 반응 지표인 댓글도 안 사라지고, 지속해서 소통의 장으로 활용할 수도 있습니다.

카페에 천안 아산에 대한 정보를 주기적으로 올리고, 게시물에 대한 반응도 활발하면 카페를 찾는 고객들도 우리 공인중개사 사무소는 천안 아산 전문가라는 인식을 하게 됩니다. 팬들도 생기게 되고 팬들이 홍보해주면서 카페로 유입하는 손님이 늘어나는 효과도 있습니다.

8. 소속공인중개사나 중개보조원의 경험 없이 바로 개업했는데 괜찮았나요?

보통 바로 개업하기 전에 실무 지식을 익히고 배우기 위해 소속공인중개사로 취업하는 경우가 많습니다. 하지만 이미 유튜브, 책 등에 공인중개사로 수익을 올리는 방법은 다 나와 있습니다. 오히려 사무실 대표가 무언가 가르쳐줄 의지가 없거나 실력이 없다면, 오히려 경력자의 사무실에서 배우는 게 시간 낭비일 수도 있습니다. 잘못된 것을 배워 독이 될 수도 있고요.

저는 혼자 해볼 수 있을 것 같다는 자신감에 기존 공인중개사 사무소를 넘겨받지 않고 일반 상가에서 직접 개업했습니다. 그러다 보니 권리금을 지불할 필요가 없었고, 공인중개사 사무소 개업에는 인테리어비도 크게 들지 않아 사실상 창업 비용이 0원에 가까웠습니다.

9. 권리금을 주고 사무실을 인수한 것도 아닌데, 어떻게 맨 처음 매물을 획득하는 등 자리를 잡을 수 있었나요?

7년 전 사무실을 차렸을 때는 원룸 임대차 거래를 해야겠다고 마음먹었습니다. 호랑이를 잡으려면 호랑이 굴에 들어가야 한다는 심정으로 저는 원룸 건물 사무실에 입주했습니다. 원룸은 주로 학생, 공사장 인부 등이 찾는 물건이었습니다. 7년 전까지만 해도 직방, 다방 같은 온라인 플랫폼보다도 전통적 홍보방식인 전단이 통하던 때였습니다.

그래서 저는 전단을 통해 매물을 홍보했습니다.

당시 저는 천안을 제외한 서울, 대구 등 모든 지역 전단지 리스트를 전부 뽑아봤습니다. 확인해보니 젊은 사람들은 최신 유행어에 반응했고, 어르신들은 간단명료하게 메시지를 전달하되 저렴한 금액이 키워드일 때 반응했습니다. 제가 원룸 중개를 하는 곳의 연령층을 파악해 특성별 반응이 나오는 홍보용 전단을 만들어 천안 곳곳에 붙였습니다. 아마도 그때 천안에 있는 모든 전봇대에 한 번씩 깃발을 꽂은 것 같습니다. 당시 천안에서 누구보다 홍보를 많이 했다고 자신할 수 있습니다. 그 결과, 천안에서 원룸 중개를 많이 하는 중개사가 되었습니다.

3년간 원룸 중개에 집중한 뒤, 그다음은 상가를 중개했습니다. 상가를 중개할 때는 앞서 이야기했듯 업종에 대해 잘 알고, 임차인에게 이에 대해 잘 설명해줄 수 있어야 합니다. 지역 내 업종 현황에 대한 파악을 잘 한 덕분에 상가 거래도 수월하게 할 수 있었습니다. 예를 들어 술집이라면 진상 손님은 보통 어느 정도 빈도로 나타나는지, 주류는 어디서 공급받는 게 저렴한지, 이 인근 상권에서 소주는 어느 정도 공급되는지 등입니다. 혹은 망한 사업장의 경우 왜 망했는지 등을 말해줬을 때 사업주 임차인은 중개사와 동질감, 친밀감 등이 생기면서 신뢰가 쌓이고 거래로 이어지게 됩니다.

그 결과, 현재 OK공인중개사는 천안에서 원룸 중개 1등과 상가 임대 매매 1등을 거쳐 지금은 주택 중개 1등인 사무실이 되었습니다. 1등이 되는 특별한 방법이 있다고 생각하지 않습니다. 경쟁자들보다 더 많이 홍보를 하고, 누구보다 더 많은 참고자료를 찾아보면서 남들보다 더 많이 노력한 사람에게 1등의 영광이 돌아간다고 생각합니다. 별것 아닌 것처럼 보이지만, 전단을 가장 많이 돌리는 것 등의 사소해 보이는 일까지 1등으로 많이 한다는 각오가 필요합니다.

시대가 바뀐 만큼 오늘날 공인중개사에게 가장 중요한 것은 광고라고 생각합니다. 운영하는 사무실을 더 많이 알리고 홍보해야 합니다. 과거와 달리 TV보다 유튜브를 더 많이 보는 시대에 살고 있어서 현재는 유튜브를 통한 광고에 집중해야 합니다. 물론 나중에 유튜브 외에 다른 플랫폼이 등장한다면 또 그에 적응해야 할 것입니다.

10. 중개사를 준비하는 사람들에게 말씀해주세요

공인중개사를 하면서 단순히 돈을 많이 벌겠다는 목표만 갖는다면 일을 지속하기 어렵습니다. 많은 사람에게 중개사는 별일 안 하고 돈을 버는 사람이라는 인식이 있습니다. 그래서 스스로 일에서 의미를 찾아야 지속할 수 있습니다. 기왕에 일할 때 중개사가 무시당하는 업무가 아닌, 고객들에게 어떤 의미를 갖는지를 인지하면서 이를 증명하는 방식으로 임한다면 더 신나게 일할 수 있을 것입니다. 돈 외에 달성하고 싶은 의미 있는 목표를 세울 것을 권합니다.

PART 10

홍보·마케팅 경력을
부동산 공인중개업에 접목하다

이은정

공인중개사

현) 부동산 분양 및 광고·홍보대행사,
　　㈜하이제이 대표

전) 청라하이 공인중개사 사무소(인천광역시 서구)
전) 풍경채행운 공인중개사 사무소(인천광역시 서구)
전) 주류수입사 마케팅 BM
전) 홍보대행사 AE

단국대학교 중어중문학(경영학) 졸업

이메일 : eunlee3334@naver.com

1. 공인중개사 자격증에 도전한 계기는 무엇인가요?

어릴 때부터 인천에서 쭉 살아왔습니다. 뉴욕에는 뉴요커, 파리에는 파리지앵, 런던에는 런더너가 있듯이 인천에 쭉 살아온 저는 인처너입니다. 20살부터 대학교를 서울로 가고 직장생활도 서울에서 했는데, 집에서 학교와 직장까지는 꼬박 2시간이 넘게 걸렸습니다. 그마저도 버스와 지하철을 몇 차례 갈아타며 다녀야만 했습니다. 도착도 하기 전에 이미 대중교통에서 파김치가 되었고, 퇴근 후 직장 근처에서 약속이라도 있으면 막차 시간을 맞추기 위해 뛰어다니거나 서울과 인천 간 택시비를 감당해야만 했습니다. 직장 근처에 사는 친구들이 늘 부러웠고, 한창 흥겨울 때 홀로 자리에서 일어나야만 하는 것이 서럽기까지 했습니다.

하지만 학교와 직장이 있는 서울에 집을 구하기 위해 독립하는 것은 당시 제 주머니 사정으로는 어림도 없는 일이었습니다. 또 업무 경력을 쌓아왔던 것이 홍보·마케팅 업계라 집과 가까운 곳에 있는 이직할 만한 직장을 찾지 못해 인천과 서울을 왕복하며 10년을 버텨왔습니다.

그렇게 직주근접을 막연히 바라기만 하다가 결혼하고 임신을 하게 되었습니다. 직장에서 배려를 받아서 휴직을 할 수 있게 되었고, 그때 공인중개사 시험을 준비하게 되었습니다. 무언가를 공부하는 것이 태교에도 도움이 될 것 같았고, 공인중개사 자격증이 있으면 앞으로 하게 될 부동산 투자에도 더 도움이 될 수 있지 않을까 싶었기 때문입니다.

공인중개사 시험 당일(10월 마지막 주 토요일), 저는 만삭이었습니다. 출산 직전, 공인중개사 1차 시험을 봤습니다. 혹시라도 출산 기간 공인중개사 시험을 준비하는 분들이 계신다면 다음의 팁을 참고하시길 바랍니다.

공인중개사 시험을 볼 때 임산부는 편의를 제공받을 수 있습니다. 원래 공인중개사 시험을 보다가 화장실을 이용하는 등의 이유로 자리를 비우면 무효 처리가 됩니다. 자칫 1년 동안의 시험 준비가 수포가 될 수도 있는 것입니다. 하지만 임산부의 경우는 한국산업인력공단에 임신사실확인서를 제출하면 시험 시간 도중에도 화장실을 이용할 수 있습니다. 특히 저의 경우, 워낙 만삭에 시험을 봐서 시험 교실도 화장실 가까운 곳으로 배정되었고, 감독관들이 책상 간격도 넓게 조정해줘서 편하게 시험을 볼 수 있었습니다.

그렇게 아이를 출산하고 나니 출산휴직과 육아휴직을 이용할 수 있었습니다. 아이를 돌보며 휴직한 기간 동안에는 2차 시험 준비를 해서 합격했습니다. 여담이지만 아이의 돌잔치는 2차 시험일 당일이었습니다.

육아휴직을 마치고 직장으로 복귀했지만, 장시간의 출퇴근과 육아를 병행하기 어려워 사표를 낼 수밖에 없었습니다. 그리고 집과 가까운 인천에서 직장(공인중개사 사무소)을 찾았습니다.

중개업계에 들어오기 전에는 홍보대행사에서 5년 정도 근무를 하고 주류수입사의 인하우스 마케팅 담당자로 3년간 근무했습니다. 그 덕에 사람을 상대하는 데 두려움이 없고 온·오프라인 홍보 마케팅 업무도 직접 경험해볼 수 있었습니다. 부동산 중개 업무를 시작한 사람들이 쉽게 접하지 않았던 분야가 온라인 마케팅 툴(네이버 파워링크, 블로그, 카페, 플레이스 등)입니다. 그래서 대다수 공인중개사들이 마케팅 업체를 이용해

온라인 마케팅을 합니다. 하지만 저의 경우, 직접 다루는 데 거부감이 없었기에 비용을 들이지 않고 할 수 있었습니다. 매물 정보를 올릴 때도 홍보 업무할 때 쌓았던 업력이 발휘됩니다. 홍보 업무를 할 때 보도자료를 썼던 경험이 있다 보니 매물 정보도 꼼꼼하게 올리는 습관이 있습니다. 이 경험들이 현재 중개 업무를 하는 데 많은 도움이 되고 있습니다.

2. 두 번의 공인중개사 사무소 창업 노하우를 소개합니다

공인중개사 사무소를 개업하는 방법

지금까지 6년 정도 중개업에 종사했습니다. 대표 공인중개사로 공인중개사 사무소를 운영해온 기간은 만 5년입니다. 오랜 기간 부동산 중개업에 종사한 것은 아니지만, 지금까지 두 차례 부동산 공인중개사 사무소를 창업한 경험이 있습니다. 공인중개사 사무소를 개업하는 방법은 크게 2가지가 있습니다. 기존에 다른 사람이 운영하던 사무소를 매물과 함께 인수하는 방법과 본인이 처음 창업자가 되어서 운영을 시작하는 방법입니다. 기존 사무실 양수 및 양도는 한국공인중개사협회 홈페이지를 통해 주로 이뤄집니다.

저는 공실 상태였던 상가를 임대해서 새롭게 창업하는 방향을 택했습니다. 공인중개사 사무소의 위치, 상호, 간판 및 사무소의 유리창 시트지, 각종 홍보물까지 사무소 운영을 위한 모든 것을 선택하고 세팅하는 과정은 저에게 상당히 즐거운 작업이었습니다.

공인중개사 사무소 자체와 대표 공인중개사 개인에 대한 홍보

개업공인중개사의 개인적인 장점을 공인중개사 사무소라는 공간을 통해 잘 표출하도록 일관적인 흐름을 갖고자 했습니다. 부르기 쉽고 기억하기 쉬운 상호를 고민했으며 간판부터 명함, 온·오프라인 홍보물에 이르기까지 톤앤매너를 유지하고자 노력했습니다. 마케팅 업체에 맡겨서 큰 비용을 지출하라는 의미가 아닙니다. 모든 홍보물에 사용하는 주요 색깔과 글씨 폰트에만 통일성을 주어도 효과가 큽니다. 또한 공인중개사 사무소 자체를 홍보하기 위한 문구를 만들어서 모든 홍보물 자료에 지속적으로 활용하는 것을 추천합니다. 예를 들면, 상가를 주로 다뤘던 저는 "믿을 수 있는 공인중개사는 고객님의 사업과 투자에 훌륭한 파트너가 될 수 있습니다"라는 문구를 모든 상가 매물 광고 상세 내용에 삽입했습니다.

이제는 온라인 홍보 수단이 워낙 다양해졌지만, 부동산 업계에서는 여전히 네이버가 가장 효과적입니다. 무료로 진행할 수 있는 '네이버 지도 업체 등록' 및 '블로그' 운영은 기본이고, '네이버 플레이스', '네이버 파워링크'에 사무소 운영 예산의 일부를 배정해서 공인중개사 사무소 자체를 홍보하는 광고를 집행하는 것도 좋습니다. 예전에는 유튜브와 블로그를 운영하는 것만으로도 사무실 홍보에 큰 도움이 되기도 했습니다. 하지만 이제는 게시물을 제작하는 이의 영혼이 담기지 않은 채 시스템화되어 자동으로 업로드되는 게시물은 큰 효과가 없습니다. 유튜브나 블로그는 단순 매물 홍보가 아닌, 공인중개사 개인과 공인중개사 사무소를 홍보하기 위한 채널로 포지셔닝하는 것을 추천합니다.

매물 확보는 성실함과 적극성

처음 매물을 확보하는 것도 두려워할 필요가 없습니다. 성실함과 적극성이면 됩니다. 영업 지역의 매물을 꾸준하게 모니터링하며 새로운 매물을 파악하고, 매물을 파악한 다음에는 매물 소유자에게 적극적으로 다가가면 됩니다. 등기부등본을 열람해서 소유자의 주소지를 찾고 우편 DM을 보내거나 직접 방문할 수도 있습니다. 상가의 경우에는 관리사무소와 긍정적인 관계를 유지하면 소유자에게 좀 더 쉽게 접근할 수 있으며, 요즘 개인 사업을 하는 분들은 SNS 계정을 대부분 가지고 있기에 인스타그램 DM을 통해 접촉하기도 했습니다.

온라인 채널을 통한 매물 홍보 방법

매물을 홍보할 때는 본인이 주력하고 진행하는 분야에 맞는 채널을 효율적으로 활용하는 것이 중요합니다. 채널별 고객 유입을 보면 아파트와 상가는 네이버 부동산, 단독주택은 유튜브와 네이버 블로그, 오피스텔은 직방 다방 등 부동산 앱 매물 광고를 보고 문의하는 경우가 많습니다.

내가 소비자라면 부동산을 찾으려고 할 때 어떤 키워드로 검색할지 생각한 뒤, 해당 키워드를 이용해 게시물을 작성합니다. 예를 들어, 아파트 단지를 검색하는 소비자라면 네이버 부동산 사이트에서 어떤 순서대로 클릭할까 생각해봅니다. 보통 소비자들은 네이버 매물을 볼 때 최저가순으로 보거나 통상 네이버가 자체적으로 정한 순서대로 봅니다. 그래서 네이버가 어떤 매물을 상위에 노출시키는지 메커니즘을 파악해서 분석하려고 노력을 합니다. 분석해보니 가장 최근에 업로드한 매물이거나 정보를 더 많이 넣어놓는 매물, 소유자 인증을 엄격하게 거친 매물 등을 우선순위로 노출시킨다는 점을 알게 되었습니다.

또한 무조건 매물 광고를 많이 올리는 것보다는 각 섹터의 상위 랭킹을 유지하는 것이 효율적입니다. 고객에게 노출되지 않는 광고는 아무리 많은 광고비를 쓰더라도 의미가 없습니다. 상위 랭킹을 유지하기 위해서는 고객들의 관심이 특히 많은 매물은 수시로 갱신해서 재업로드하며, 상위 노출되는 홍보 방식(소유자 인증, 현장 확인 등)을 사용하면 됩니다.

매물 정보 하단에 노출되는 매물 상세 설명을 기입할 때도 주의해야 합니다. 설명을 아예 안 쓰거나 무조건 길게 쓰겠다고 의미 없는 글을 나열하는 매물 광고는 하지 않느니만 못합니다. 부동산이라는 개인의 가장 큰 자산을 맞춤법이 틀리거나 장난스러운 글을 올리는 중개인에게 맡기는 고객은 없습니다. 반면, 직방 다방을 통해 원룸을 홍보하는 경우에는 해당 채널을 주로 보는 젊은 고객들에게 어필할 수 있도록 그들의 감성에 맞는 이모티콘을 다양하게 사용하는 게 효과적입니다.

3. 고객은 어떤 공인중개사를 통해 계약을 할까요?

지난 몇 년간 부동산 시장은 롤러코스터를 탔습니다. 몇 해 전까지 숨 가쁜 부동산 상승장이 있었고, 최근 2년간은 하락장이 이어지다가 지금은 하락장을 지나 현장에서는 또다시 시장의 변화가 느껴지고 있습니다.

시장 상황에 따라 영업 방향이 달라집니다. 상승장에서는 매물 확보가 가장 중요하고, 하락장에서는 고객을 확보해야 합니다. 상승장에서는 콧대 높은 매도인과 임대인을 설득해야 하고, 하락장에서는 넘치는 매물의 바다에서 헤매고 있는 매수인·임차인의 결정을 도와서 계약을 만들어내야 합니다.

상승장에서는 하락장에 비해 거래 과정에서 중개사 역량이 '상대적으로' 덜 중요합니다. 중개사의 능력과 서비스가 아무리 훌륭하다고 하더라도 결국에는 매도인·임대인에게 누가 더 높은 금액을 제시하느냐가 계약 결정 여부의 'key'입니다. 상승장에는 집을 사겠다는 매수인이 넘쳐나기 때문입니다. 또한 이 시기에는 어느 공인중개사 사무소가 더 낮은 중개보수를 제시하느냐도 계약 성사의 중요한 요소가 됩니다. 실제 청집사, 우대빵 등 '반값 중개'를 캐치프레이즈로 외치는 프랜차이즈 공인중개사 사무소가 지난 몇 년간의 상승기에 우후죽순 생겨났습니다. 상승장에는 그들의 성과도 좋았습니다.

반면, 하락장에서는 매수인·임차인을 잡고 있는 공인중개사 사무소가 더 우위에 있습니다. 어차피 금액은 고객의 의견을 따를 수밖에 없습니다. 그렇다면 고객은 어떤 중개사를 찾게 될지 생각해볼 필요가 있습니다. 저는 고객이 공인중개사를 통해 계약을 결정할 때 중요한 관점이 '신뢰'와 '긍정의 기운'이라고 생각했습니다. 고객의 거래에 대한 확신은 중개사가 만들 수 있습니다. 매물뿐만 아니라 계약 당사자인 그들에게도 그들 각자의 장점을 스토리텔링하며 브랜드, 프레임을 만들어서 좋은 이미지를 부여하려고 합니다. 이것은 하락장 때만 통하는 것이 아니고 상승장이라도 더 많은 계약을 성사할 수 있는 근본적인 방법입니다.

고객은 한 번 쓰는 중개보수를 누구에게 쓰려고 할까요? 수많은 공인중개사를 만나고, 고객은 그중 1명과 계약합니다. 이때 선택받는 공인중개사는 혼자서는 모르는 정보나 본인이 직접 알아보기에는 귀찮은 정보를 기반으로 본인의 일처럼 선택할 수 있도록 어시스트해주는 서비스 마인드를 가지고 있는 중개사일 것입니다. 빈틈없는 특약사항 기재를 비롯한 문서상 철저한 계약서 작성은 기본입니다.

그다음으로 중요한 것은 고객과 유대감을 쌓는 것입니다. 공인중개사 본인 스스로를 전문가라고 생각해서 고객을 가르치려고 하는 중개사도 있습니다. 카리스마 있는 중개 실력으로 고객을 이끄는 것과 고객보다 스스로가 많이 안다고 생각하고 누르려는 것은 차이가 큽니다. 사람의 마음에 공감할 수 있는 진심이 느껴지는 중개만이 정보, 데이터, 기술이 위협하는 부동산 중개업계에서 중개업자로 살아남을 수 있는 유일한 방법입니다.

만약 고객이 찾는 매물이 내가 가진 매물보다도 다른 중개사가 가진 매물에 더 적합하다고 판단이 들면, 과감하게 그 매물을 추천하는 것도 방법입니다. 해당 계약은 놓칠지언정 그 고객에게 신뢰를 얻어 추후 다른 고객을 소개해주거나 새 계약을 할 때, 본인을 찾을 가능성이 큽니다. 중개사는 신뢰로 먹고사는 직업임을 잊지 말아야 합니다.

4. 공인중개사는 '홍보 마케팅' 하는 '서비스업' 종사자입니다

'아줌마'지만, '부동산 아줌마'가 되고 싶지는 않습니다.

처음 부동산 업계에 진입할 때의 고민은 그 나이에 벌써 '부동산 아줌마'가 되어야 하는가였습니다. 저부터도 '부동산 중개업'에 대한 인식이 긍정적이지 않았고, 실제 현실도 마찬가지기 때문입니다.

지금처럼 매물, 투자 정보를 손쉽게 알 수는 없던 시기에는 중개업자들이 가지고 있는 정보가 갖는 '파워'가 있었고, 고객들은 그 정보 아래에 '을'이 될 수밖에 없었습니다. 일반인들은 모르는 정보를 업자들끼리만 보는 통신망에서 공유하고, 그 정보로 인한 수익을 창출해온 것이 과거 중개업자들의 업무 방식이었습니다. 그 시기의 중개업자는 일반인은 모르는 정보를 가지고 있는 '전문가'였고, 그 전문가는 고객들을 각자의 방식으로 이끌었습니다.

하지만 이제 매물 정보, 부동산 계약 상식 등 고객들도 본인이 알고 싶은 사실을 스스로 알아낼 수 있습니다. 심지어 계약서를 작성할 때조차도 더 이상 공인중개사의 '도움'이 필요 없는 시대가 다가옵니다. 공인중개사 업계에서 정보의 공유와 기술의 발전을 거부하고, 신규 플랫폼들이 밥그릇을 빼앗는다며 중개사의 지위를 확보하자고 아무리 외친들 이 시대적인 흐름은 결국 거스를 수 없습니다.

달라진 시장을 직시하고, 이 시기에 맞는 직업관을 가져야 합니다.

공인중개사 개인 및 부동산 정보를 '홍보 마케팅'하는 '서비스업' 종사자로서 생각하는 것이 앞으로도 긴 호흡으로 이 일을 계속할 수 있는 방향이라고 생각합니다.

부동산업은 한 사무실에 직원이 여럿 있어도 결국 개인 사업이나 다름없습니다. 손님은 중개사 개인 1명을 믿고 거래하는 경우가 많기 때문입니다. 그렇다면 개인 브랜드를 어떻게 잘해나갈 수 있는지를 늘 고민해야 합니다. 개인 브랜드는 시스템보다는 신뢰, 매력 등 개인의 자질로 승부하는 것입니다.

부록 | 부동산 상품별 중개 특징

'부동산 중개업'은 그 이름 아래 할 수 있는 일이 굉장히 다양합니다. 개인의 특성에 맞게 본인의 장점을 발휘할 수 있는 분야에서 일하는 것이 중요합니다. 좁아지는 시장에서 결국은 중개사 개인의 역량이 중요하기에 본인이 잘할 수 있고, 지치지 않고 즐길 수 있는 분야를 찾아야 합니다. 6년이라는 기간이 길지는 않지만, 운이 좋게도 다양한 분야를 다뤄볼 수 있었습니다. 여기에서는 각 부동산 상품별 중개 특징을 설명하고 제 경험을 이야기해보려고 합니다.

1) 아파트 분양권/입주장 부동산

아파트 분양권 업무로 부동산 중개 업계에 입문했습니다. 약 1만 가구의 입주를 1년여 앞둔 가정지구의 아파트 분양권을 주로 다루는 공인중개사 사무소였습니다(아파트 단지 내 상가는 아파트와 입주 시작일이 같기에 입주 전에 해당 아파트의 분양권을 중개하기 위해서는 해당 단지가 아닌 근처에 공인중개사 사무소를 구할 수밖에 없습니다). 아파트 분양권의 등기 전 전매는 실제 매물을 직접 보여주며 안내할 수는 없는 상황이라 사무실에 앉아서 분양 카탈로그만 가지고 고객들께 브리핑하고 계약이 이뤄집니다. 그다음에는 계약 당사자들과 함께 은행을 방문해서 중도금대출을 승계하고 건설사에 방문해서 분양계약서의 명의를 변경하는 절차가 주요 업무입니다.

그리고 아파트는 입주 시작일 약 1~2개월 전에 계약자가 본인의 집을 실제로 처음 볼 수 있는 '사전점검'을 합니다. 그때부터는 분양권이 아닌 본격적인 아파트 매매·임대 계약이 이뤄집니다. 새로 입주하는 아파트의 1층 단지 내 상가에는 공실이 많고, 빈 상가에 본인이 원하는 스타일로 공인중개사 사무소를 새롭게 오픈할 수 있습니다. 보증금만 들어가면 되니 초기 비용이 줄어들지만 상호 결정, 간판 제작, 전화·인터넷 개설, 가구·가전 구입 등 모든 세팅을 본인이 직접 해야 한다는 점을 고려해야 합니다. 하지만 정해진 아파트의 세대수가 있으니 시장 규모는 시작부터 비교적 명확합니다. 일반적으로 900가구 아파트에 공인중개사 사무소가 3개 정도면 사무소 운영은 안정적으로 이뤄집니다.

보통 입주 시작 시기로부터 10개월 이내에 해당 단지의 매물은 계약이 마무리됩니다. 사전 점검 시기로부터 약 1년 동안에 해당 단지에 나온 매매·임대 계약 상당수가 이뤄진다고 보면 됩니다. 입주장 아파트에 들어간 부동산 중개사무소들은 단기간에 상당히 많은 계약을 하게 됩니다. 10평 전후의 작은 공인중개사 사무소라고 하더라도 외부 출장이 많은 분양권 중개 시기와 거래량이 많은 입주 초기 1년은 대표 공인중개사 1인으로는 공인중개사 사무소를 운영할 수 없고, 직원 1~2명의 지원이 필요합니다. 이렇게 바쁜 시기를 보낸 뒤에는 기존 매물과 고객을 잘 관리하고, 사무실 운영을 안정화시켜서 아파트 단지 내 공인중개사 사무소를 인수하고 싶은 사람에게 권리금을 받고 공인중개사 사무소를 넘길 수도 있습니다.

2) 아파트 단지 내 상가 1층 공인중개사 사무소

주로 기존에 운영하던 공인중개사 사무소를 권리금을 주고 인수해서 운영하게 됩니다. 제가 경험한 청라동, 가정동의 아파트 단지 내 공인중개사 사무소는 권리금 3,000~4,000만 원 정도로 거래가 이뤄지고 있습니다. 새로운 사무실 세팅에 대한 부담이 크거나 부동산을 처음 오픈하는 경우 추천할 만합니다. 상가 보증금에 권리금이 추가되어 초기 창업비용이 커지긴 하지만, 추후 그 사무실을 정리할 때도 비슷한 금액을 받아서 나올 수 있으니 안정적인 투자금입니다. 또한 해당 사무실의 기존 매출을 알고 시작하는 사업이니 수입 역시 예측 가능합니다.

다만, 아파트 단지 내 상가 1층 공인중개사 사무소는 주거용 아파트를 주로 다루기에 남성보다는 여성 중개사가 우월한 성과를 내는 것을 많이 봤습니다. 또한 본인이 속한 아파트 단지 및 바로 근처 아파트 위주로 중개하게 되어 아파트 외에 다른 중개 대상물을 다룰 기회가 많지 않습니다. 적극적이고 활발한 성향을 지닌 사람이라면 지속된 안정감이 주는 지루함을 느낄 수도 있습니다. 저 또한 활동적인 성격인 만큼 첫 입주 아파트 단지 내 상가에 개업해서 입주장을 마치고 안정기에 들어선 후에는 부동산 중개업의 또 다른 분야를 경험해보고 싶은 마음에 권리금을 받고 다른 분께 인계했습니다.

3) 상업지구 내 상가·오피스텔 전문 공인중개사 사무소

상업지구 공인중개사 사무소를 찾는 고객은 상가나 오피스텔 임대, 토지, 공장 매매, 아파트 전세 등 다양한 매물을 찾습니다. 이 중 오피스텔 월세는 거래금액이 적어서 비교적 쉽게 계약이 체결되고, 고객들의 거주 상황에 변수가 많아서 계약 횟수가 많습니다. 아파트 거래만 진행해본 공인중개사 사무소들은 오피스텔은 중개보수가 작아서 사무실 운영이 힘들다고 생각할 수 있습니다. 하지만 최근과 같은 불경기에도 오피스텔 수요는 꾸준하기 때문에 오피스텔만을 주 종목으로 설정한 공인중개사들의 계약 건수와 매출은 생각 이상입니다.

상가는 임대라고 하더라도 중개보수 요율이 최고 0.9% 이기에 공인중개사 사무소의 매출 측면에서는 나쁘지 않은 편입니다. 다만 아파트 단지 내 상가에서 해당 단지의 중개 위주로 진행하는 것보다 계약을 이뤄내는 것이 더 어렵습니다. 아파트는 단지별로 몇 개의 평면이 정해져 있고, 동호수의 위치 변화만 있기에 해당 단지를 숙지한 후 매물을 찾는 고객과 소통을 해보면 어떤 집에서 계약이 이뤄질지가 어느 정도 예측이 됩니다. 반면 상가는 고객들이 찾는 목적과 조건이 다양하고 매물의 크기 및 위치에 따라 고객의 사업 수익이 크게 달라집니다.

어느 상가에서 계약이 이뤄질지 예측하기가 쉽지 않지만, 예측 가능성을 높이기 위해서는 고객과의 소통을 지속해야 합니다. 고객의 니즈를 파악해야 하기 때문입니다. 실제로 어떤 상가 임차 고객은 네이버 부동산을 통해 월세 50만 원짜리 상가 임대 매물을 보고 연락을 해왔지만, 몇 차례 미팅을 진행한 후 최종 계약은 보수 1,300만 원의 상가 분양으로 이뤄지기도 했습니다.

PART 11

인생 후반전 중개 스토리, 정년은 내가 만든다

이지영

공인중개사

현) 미래공인중개사 사무소 공동 운영(서울특별시 양천구)
전) 대한항공 객실 승무원
전) 양지공인중개사 사무소

이메일 : 774936@hanmail.net

1. 부동산에 관심을 갖게 된 이유와 계기는 무엇인가요?

부동산에 관심을 가지게 된 것은 초등학교 4학년 때부터였습니다. 부천의 조그만 아파트에 살다가 자식 교육을 위한 부모님의 결단으로 서울 78평 단독주택으로 이사하게 되었습니다. 당시 단독주택은 방마다 임대를 놓고 있어서 임대보증금을 제외한 금액으로 매수할 수 있었습니다. 그때 처음 '레버리지'라는 개념을 알게 되었습니다. 내 돈이 아닌 다른 사람의 돈을 이용해 20평 아파트에서 78평 주택으로 갈아타기 할 수 있다는 개념을 어렴풋이 인지했다는 의미입니다. 직장에 다니면서는 직접 경제 활동을 하면서 부동산에 관심을 가지게 되었고, 전문적인 지식을 얻고 이를 증명할 수 있는 공인중개사 자격증에 관심을 가지게 되었습니다.

2. 공인중개사 자격증에 도전하게 된 이유와 계기는 무엇인가요?

아이를 낳고 회사를 사직하게 되면서 일명 '경단녀'가 되었습니다. 교원 자격증을 가지고 있어서 초등학교에서 방과 후 수학 강사 일을 시작했지만, 계약직이라 연말이 되면 언제나 '올해는 재계약을 할 수 있는지', '재계약이 되지 않으면 다른 곳에 자리를 구할 수 있는지' 등을 걱정할 수밖에 없었습니다. 나이는 한두 살씩 먹고 있는데 할 수 있는 일들도 줄어들어 불안했습니다. 그러면서 정년 없이 오래 할 수 있는 일이 있을까를 생각하게 되었고, 관심 있고 잘할 수 있는 일인 부동산 관련 일을 해야겠다고 생각하게 되었습니다.

3. 과거 경력이 중개업과 어떤 식으로 결합되었나요?

경단녀가 된 이후로는 일자리를 구할 때 비정규직과 같은 불안한 일자리밖에 구할 수 없었습니다. 그 때문에 오랜 기간 전문적으로 일할 수 있는 일이 무엇인지 고민하게 되었고, 그것이 부동산 중개업이라고 생각했습니다. 특히 과거에 서비스업 직종에 몸담았던 만큼 서비스업의 일종인 중개업도 적성에 잘 맞을 것 같았습니다.

4. 부동산 중개 시장과 부동산 투자 시장을 바라보는 자신만의 시각을 말씀해주세요

정보가 실시간으로 공개되는 현재 상황에서 경제 사이클이 점점 짧아지고, 예측이 불가능하며, 빠르게 전혀 예기치 않은 방향으로 흘러가고 있습니다. 이전 정부에서 집값을 잡겠다고 규제를 강화했음에도 오히려 집값 폭등이라는 결과를 낳았지만, 결국 집값은 금리 인상과 함께 폭락했습니다. 지난 정부의 상승분을 전부 반납한 셈이죠.

정부는 집값을 연착륙시키기 위해 규제를 푸는 파격 정책을 내놓았습니다. 아직은 높은 금리, 우크라이나 전쟁 등 대내외적 여건이 불안정한 상황이라 부동산 시장에도 추격 매수로 인한 투자 수요가 크지는 않을 것입니다. 하지만 규제가 꽤 많이 완화된 만큼 이제 집값에 작용하는 변수는 금리 하나일 뿐인 것 같아 다시 집값이 뛰는 지역이 나타나는 등 부동산 시장이 혼란스러워지지 않을까 염려가 됩니다.

4. 자신만의 영업 노하우와 마케팅 비법을 알려주세요

내가 생각하는 최고의 노하우는 늘 처음처럼 확인하고 또 확인하는 습관입니다. 물건이든, 고객이든 늘 관심을 두고 최선을 다하는 것입니다.

5. 향후 투자 및 중개에 관한 계획을 말씀해주세요

중개업을 하며 부동산을 보는 안목을 키워 수익형 부동산을 매수하고 노후를 대비하는 것이 소박한 계획입니다. 더불어 주변 사람들에게도 좋은 부동산을 소개해 함께 즐겁고 편안한 삶을 누리고 싶습니다.

6. 자신만의 분야에 대한 구체적인 노하우가 있나요?

창업 및 취업

① 당신은 지역 기반의 중개사인가요?

육아 중이라 거처를 자유롭게 옮기기 어려워 사는 지역 인근에서 중개사 업무(소속공인중개사)를 시작했습니다. 개업한 사무실도 집에서 걸어서 10분 이내의 거리에 있습니다.

② 어떤 공인중개사 사무소에 어떻게 취업했나요?

공인중개사 자격증을 취득하고 중개사 일을 할 수 있는 방법은 크게 3가지입니다.

첫째, 동업, 둘째, 개업공인중개사, 셋째, 소속공인중개사입니다.

저는 맨 처음 다른 공인중개사와 동업으로 일을 시작했습니다. 운 좋게도 거주지 인근에 동업자를 구하는 공인중개사 사무소가 있었고, 면접을 보게 되었습니다. 제가 사무실을 차리는 게 아니라서 투자 비용이 들지 않았고, 임금으로 중개보수의 40%를 가져가는 방식이었으며, 근무 시간은 월~금, 격주 토요일 10~19시였습니다.

하지만 모든 점이 완벽한 것은 세상에 없지요? 이러한 조건은 모두 만족스러웠지만 한 가지 우려스러웠던 점이 있었습니다. 사업장을 운영하던 동업자가 공인중개사 사무소를 15년 이상 운영하고 있기는 했지만, 공인중개사 자격증이 없었습니다. 처음 취직할 때 주변에서는 무자격자와 같이 일하면 중개 사고가 날 수 있다고 말렸습니다. 하지만 우려와 달리 당시 동업자였던 소장님은 자격증이 없을 뿐 업무 능력이 뛰어난 분이셨고, 중개 과정에서 신경 써야 할 부분, 내가 놓치고 있던 부분 등을 꼼꼼하게 알려주셔서 많이 배울 수 있었습니다.

그 몇 년 후에는 개업에 도전했고, 직원 없이 혼자서 운영해봤습니다. 모든 것을 혼자 해서 처음에는 많이 힘들었습니다. 하지만 하나하나가 저에게는 좋은 경험이었고, 직접 부딪혀야 했기 때문에 역설적으로 일을 굉장히 많이 배울 수 있었습니다. 개업해서 운영하는 동안 아파트, 빌라, 다가구주택, 상가 등 의뢰가 들어오는 일들을 닥치는 대로 하다 보니 다양한 중개 경험을 쌓게 되었습니다.

　최근에는 다양한 경험 끝에 집중할 중개 대상물을 아파트로 좁혔습니다. 공인중개사 사무실을 구할 때 중요시했던 것은 안정성이었습니다. 부침 없이 거래를 지속할 수 있는 위치를 찾으려고 했습니다. 안정적으로 운영하려면 상가, 아파트, 다세대주택을 모두 중개할 수 있는 위치여야 했습니다. 아파트에 비해 임차 수요가 많은 다세대주택, 상가 등은 사무실 운영비로 사용할 수 있을 것으로 생각했고, 아파트는 자주 매매되지 않는 대신, 보수가 커서 몇 건만 하더라도 수익을 남길 수 있다고 생각했습니다. 그래서 서울 양천구의 1,000가구 브랜드 아파트 후문과 다세대주택 사이에 자리 잡은 상가에 사무실을 차리게 되었습니다.

　당시 저는 권리금이 적으면서 지역 내 매물을 배타적으로만 공유하는 회원제를 운영(공동망을 이용)하는 지역을 찾고 있었습니다. 운영 시작 시점부터 기반을 닦은 상태로 영업을 시작할 수 있으리라 생각했기 때문입니다. 제가 자리 잡은 곳은 이러한 조건도 만족하는 곳이었습니다. 혹시 여러분들도 사무실 위치를 정할 때, 이러한 조건들을 고려해보기를 권합니다.

③ 주변 기존 공인중개사 사무소의 텃세는 없었나요?

　맨 처음 개업했을 때 공동전산망에 있는 중개 대상물을 광고하고, 고객을 유치하면 될 줄 알았습니다. 비록 물건을 확보하지 않았더라도 당장 일하는 데는 무리가 없을 거라는 생각이었습니다. 하지만 오산이었습니다. 공동망의 물건을 선별하고 광고하려고 물건지 공인중개사 사무소에 연락했는데, 전화를 받은 공인중개사 사무소에서는 황당하다는 반응을 보이며 절대로 광고하지 말라는 답을 받았습니다. 사실상 해당 매물은 제가 확보하기에는 어렵고, 특정 몇몇 공인중개사 사무소에서만 거래할 수 있는 전속 매물이나 다름없었습니다.

이전에는 이런 방식으로 중개해도 무리가 없었기 때문에 앞으로 어떻게 중개해야 할지 막막했습니다. 이전 사무실 주인이 사용하던 매물장을 찾았습니다. 하지만 매물장에 적힌 고객들 번호가 전부 의미 없는 것처럼 보였습니다. 권리금을 받고 사무실을 인수했는데 돈을 주고 쓰레기를 산 게 아닌가 하는 생각까지 들었습니다.

그래서 개업하면서 공인중개사 사무소를 인수할 경우, 꼭 이전 사무실을 운영했던 중개사 대표로부터 물건을 확보할 것을 권합니다. 권리금과 관련해서 계약할 때 장부 인수인계를 계약 조건에 넣는 것입니다. 또 인수인계 기간을 적어도 1~2달로 최대한 길게 잡고, 공인중개사 사무소에 드나드는 손님들과 인사를 하는 등의 과정을 거쳐야 새롭게 개업했을 때 큰 무리 없이 일을 시작할 수 있습니다.

④ 공인중개사 사무소를 인수할 때 권리금을 어떻게 산정하고 계약해야 하나요?

시장 분위기에 따라 다르지만 최근 1~2년의 매출 기준으로 1년 치 매출을 권리금으로 산정합니다. 목동 공인중개사 사무소의 경우, 권리금 2억 원을 산정했습니다.

⑤ 공인중개사 사무소 창업 시 필요한 자금은 어느 정도인가요?

권리금과 인테리어 비용은 천차만별입니다. 따라서 이를 제외한 초기 운영자금은 6개월간 임대료라고 볼 수 있고, 최소 이 정도는 갖추고 개업해야 시행착오를 겪을 시간을 확보할 수 있고, 불안하지 않은 마음 상태로 사무실을 운영할 수 있습니다. 개업 첫날 계약서를 작성한다고 해도 잔금은 대개 2개월 이후에나 들어오고, 따라서 중개보수도 2개월 뒤에 들어옵니다. 첫 달 혹은 두 번째 달까지 임대료를 낼 만큼의 벌이가 없을 수도 있습니다. 따라서 일단 임대료를 넉넉하게 준비해놓고 시작할 것을 권합니다. 만약 인테리어가 안 되어 있다면 1,000만 원 정도의 비용을 추가로 생각해야 합니다.

⑥ 동업 경험이 있나요?

두 번의 동업 경험이 있습니다. 첫 번째는 앞서 언급했듯 자격증이 없는 사람과 동업했고, 두 번째는 대단지 아파트 내에 10년 이상 자리 잡고 있던 공인중개사 사무소에 들어가 동업으로 운영하고 있습니다. 권리금은 현 시세의 반을 지불했고, 중개보수는 동업자와 5 : 5의 비율로 배분하고 있습니다(이 비율은 합의에 따라 달라질 수 있습니다).

두 번의 동업을 한 결과, 장점이 많아 추천하는 편입니다. 특히 제가 갖지 못한 장점을 갖고 있어 보완할 수 있는 파트너를 만난다면 더없이 좋습니다. 현재 함께 일하는 소장님은 경력이 많아 능숙합니다. 저의 경력이라고 해봐야 지역과 중개 물건이 바뀐 만큼 신입 중개사로 일하는 것이나 마찬가지입니다. 그래서 기존 소장님의 노하우를 배울 수 있어 새로운 장소에서의 업무지만, 적응이 상대적으로 용이한 편입니다. 특히 일한 지 오래되지 않아 의사를 결정하는 데 어려움을 많이 겪고 있지만, 현 소장님이 많이 도와주고 있습니다.

중개 행위

① 다양한 중개 분야별로 어떤 특장점들이 있나요? 어떤 분야를 선택하는 게 좋을까요?

개인이 처한 상황에 따라 중개하기 좋은 매물이 다릅니다. 저의 경우 아이를 키워야 하고, 제일 익숙한 분야라는 이유로 사는 동네의 대단지 아파트를 거래하기로 했습니다. 또 성격에 따라 자기가 잘 거래할 수 있는 매물이 다릅니다.

영업력이 좋은 중개사의 경우, 모난 구석이 있는, 이른바 '못난이' 매물도 '말발'로 거래를 성사시킵니다. 저의 경우 안 좋은 부분을 좋다고 표현하기 어려워하는 성격이라 애당초 제 눈에 좋아 보이지 않는 매물을 잘 거래하지 않으려고 합니다. 이렇게 되면 제가 성사시키는 전체 거래 건수는 적다는 단점이 있지만, 저를 계속해서 찾아주는 고객들이 '과장을 하지 않겠구나' 생각하며 신뢰감을 느끼게 하는 장점이 있습니다.

잔금 관련

① 중개보수 협의 시 주의해야 할 점은 무엇인가요?

고객 또한 사람이기 때문에 고객과 신뢰가 중요한데, 그보다 더 중요한 것은 고객의 니즈를 만족시키는 것입니다. 예컨대 고객이 어떤 조건을 원할 때 해당 조건에 완벽히 부합하지는 않더라도 대체 상품을 제안할 수 있어야 한다는 의미입니다.

최근 의뢰인들의 나이가 젊어지고 까다로워지다 보니 다양한 선택지를 비교 분석해 매물을 고르려고 합니다. 만약 무조건 내 기준에서 괜찮은 매물을 1~2개만 선별해서 보여주면, 고생은 고생대로 하고 계약은 못 따내는 결과를 낳을 수 있습니다. 손님 중에는 제가 보여주지 못한 물건 중에서 자신의 마음에 드는 물건이 있을지도 모른다고 생각하는 분들이 많아졌습니다. 그래서 최대한 많이 찾아서 보여주려고 합니다. 최대한 손님이 원하는 조건으로 다양한 매물을 보여주면, 손님은 '이렇게 힘들게 찾고 보여주고 중개하는구나'라고 생각하게 되어 중개보수를 깎지 못합니다.

계약 이후의 과정도 중요합니다. 의뢰인은 계약 전까지는 계약만 하면 중개보수 이외에 더 줄 것처럼 하다가 계약 직전 잔금을 치를 때면 매물에 꼬투리를 잡으면서 중개보수를 깎으려고 할 수도 있습니다. 따라서 계약 이후에도 중간중간 체크도 하고 조율사항이 있으면 진행 과정도 알리는 등 매물을 관리하고 있다는 성의를 보여야 합니다. 그다음으로 중요한 것이 물건에 하자가 없는지 정확히 파악하는 것입니다. 계약 시 대충이 아니라 오타 하나까지 신경 쓰고, 사소한 것도 정확히 수정해서 완벽한 계약서를 작성하는 것입니다. 가장 기본적인 일이지만 기본에 충실하기가 어려운 법입니다.

② 잔금 시 유의해야 할 점은 무엇인가요?
잔금 직전 고객들이 실수할 만한 여러 가지 사항들을 미리 안내하는 것이 좋습니다. 예컨대 온라인 송금을 많이 하는데, 손님이 금액 한도를 증액하지 않는 경우가 있어 이러한 부분에 대해 미리 주의를 주어

야 합니다. 이 밖에 채권최고액을 말소해야 계약을 할 수 있는 것을 조건으로 걸었는데, 말소등기를 안 하는 경우, 특약사항 이행을 안 하고 슬쩍 넘어가는 경우, 잔금을 보내기 전 부동산의 상태를 확인하지 않는 경우 등도 주의를 주어야 하는 내용입니다.

③ 중개업을 하면서 가장 힘들었던 부분은 무엇인가요?

고객의 속내를 파악하는 게 가장 어려운 일인 것 같습니다. 고객이 어떤 물건을 원하는지를 파악하는 일이 생각보다 어렵습니다. 고객에게 어떤 물건을 보여줬을 때 대놓고 싫다고 말하는 사람은 잘 없습니다. 그래서 중개사가 적당히 눈치를 채야 하는데, 매번 눈치를 발휘하는 것이 쉽지 않습니다. 상대의 마음을 읽고 적합한 매물을 소개하는 것은 중개사의 평생 과제입니다.

④ 다시 개업 전으로 돌아간다면 어떻게 출발할 것인가요?

자격증을 취득하자마자 일을 시작할 것 같습니다. 좀 더 젊을 때 여러 가지를 경험해봤더라면 다양한 물건에 대해 자신감이 있었을 것 같습니다. 지금이라도 관심을 가지고 공부하려고 합니다.

지금 와서 느끼는 것은 내가 선택할 수 있는 최선의 입지에 오랜 기간 자리 잡고 있는 것이 중요한 것 같습니다. 한자리에서 오랜 기간 자리 잡고 단골 고객들을 확보하는 것이 꾸준하게 계약서를 쓸 수 있는 비법입니다. 어떤 곳이 좋은 자리인지는 본인의 노력과 경험에서 비롯된다고 생각합니다. 사무실을 자주 옮기는 것은 추천하지 않습니다.

PART 12

나무보다는 숲을,
변화에는 민감하게

이충신

공인중개사

현) 연오이충신공인중개사 운영(제주특별자치도 제주시)

현) 분양 대행사 ㈜제이케이엘 운영

블로그 : 인사이트 제주 부동산
https://blog.naver.com/go6466

1. 공인중개사 자격증에 도전하게 된 이유와 계기는 무엇인가요?

40대에 부동산에 관심이 생겨 부동산 매매 거래를 경험할 수 있는 몇 번의 기회가 있었습니다. 이때 주변 토지 소유자나 상가 임대인들을 만나면서 부동산 거래를 중개해보고 싶다는 생각이 들었습니다. 그래서 공인중개사 자격증을 취득했습니다. 처음에는 자격증을 취득한 몇몇 동기 중개사들과 함께 다니면서 일을 배웠습니다. 지금 생각해보면 아무것도 모르고 아무 준비도 안 된 채 부동산 중개업에 뛰어들었고, 일을 시작했던 것 같습니다. 다만 운이 좋아서 주변에 좋은 지인들이 많아 그 덕에 조금 쉽게 첫 거래를 트고, 큰 어려움 없이 자리를 잡아가고 있는 편입니다.

2. 공인중개사가 되고 가장 어려웠던 점은 무엇인가요?

열심히 뛰어다니고 일했지만, 초보자라는 한계에서 비롯한 여러 가지 실수로 힘들었습니다. 중개사가 되자마자 이미 중개 업무를 하는 선배들을 많이 만나고, 그분들에게 이것저것 물어보고 같이 의논도 많이 했습니다. 또 인터넷 강의를 듣고 책도 많이 읽고 조례나 법조문도 열심히 찾아봤습니다.

하지만 그래도 실수하지 않을 수 없었습니다. 제주시 도두일동 준주거지역의 토지를 매물을 받았는데, 당시 지하 주차장을 파고 건물을 올리면 좋을 것 같다는 생각에 매물을 구하는 고객에게 이를 소개했습니다. 준주거지역(용적률 최대 500%)이니 높은 층을 올리고 용적률 500% 전부를 다 활용하지 못하더라도 토지 가격에 비해 이용가치가 높다고 판단했기 때문입니다. 하지만 도두동은 매립지라 지하 주차장을 팔 수 없었습니다. 이런 지식은 책이나 법조문을 통해 알 수 없는 오로지 경험을 통해서만 알 수 있는 내용입니다.

이때 경험을 통해 땅을 활용할 때 용도뿐만 아니라 지역 내 조례, 주변 경험 사례들을 참고해야 한다는 지혜를 터득했습니다. 특히 제주도는 바닷가 인근 지형이 많아 건축행위를 할 때 부가적인 제한을 받는 지역이 많습니다. 중개하면서 저지르는 실수는 고객에게 재산상 피해를 줄 수 있으므로 최대한 하지 말아야 합니다. 하지만 사람이니만큼 실수할 수 있습니다. 계약 전에 실수를 바로잡을 기회가 주어진다면, 중개사 본인에게는 실수를 경험과 자산으로 쌓아 자신감의 원동력으로 만들 수 있습니다.

3. 초보 공인중개사가 가장 많이 하는 실수는 무엇일까요?

앞서 경험했던 사례처럼 주로 토지 거래를 할 때 개발행위를 할 수 있는지, 없는지를 확인하지 않고 거래를 중개하는 것입니다. 제주도는 가족이나 친척으로부터 땅을 물려받는 경우가 많아 중개사들이 주로 토지 거래를 중개하게 되는데, 지적 정리가 잘되어 있지 않아 실제 현황과 지적이 일치하지 않는 경우가 많습니다. 이런 땅을 멋모르고 거래를 중개했다가는 나중에 건축행위를 할 때 낭패를 볼 수 있습니다. 따라서 중개하기 이전에 실제 현황과 지적이 일치하는지를 꼭 확인해야 합니다.

특히 땅을 사서 개발행위를 하려는 사람들이 많은데 개발에 방해될 만한 요소가 무엇인지 꼭 체크해봐야 합니다. 예를 들어 나무나 묘, 사도(개인 소유 도로) 등이 있으면 개발이 어려울 수 있습니다.

4. 제주도에서는 주로 어떤 부동산 거래를 주력으로 하나요?

공인중개사 선배들은 여러 분야의 중개행위 중 한 분야를 택해 중개하라고 권하는 경우가 많습니다. 하지만 적어도 제주도에서 중개업을 하려고 한다면, 주택 임대부터 토지 매매까지 다양한 분야의 규모의 중개 거래를 경험해볼 것을 권합니다. 실제로 저 또한 여러 부동산에 대해 다양한 분야를 취급하고 있습니다. 이유는 여러 가지인데, 우선 한 분야만을 취급할 때보다 부동산 시장을 보는 시야가 더 넓어집니다.

또한, 1명의 손님과 인연을 맺더라도 다양한 거래를 성사시킬 수 있습니다. 토지를 매수한 손님이 나중에 그 땅에 빌라나 타운하우스 등을 지어 분양할 수도 있고, 임대를 놓을 수도 있는 등, 1명의 손님과도 다양하게 거래할 수 있습니다.

그리고 특정 중개물에 대한 시장 상황이 안 좋을 때는 다른 매물을 거래할 수도 있습니다. 예를 들어, 지난해처럼 주택 시장이 불황일 때 토지나 상가 시장에서 거래할 매물을 찾을 수 있었습니다.

5. 2022년 전국적으로 부동산 시장이 불황이었고, 최근 일부 지역은 회복세를 보이고 있습니다. 제주도 부동산 시장 분위기는 어땠나요?

제주도는 육지와 달리 유동적인 편이었습니다. 제주도 공원 보상사업으로 오등봉 공원과 중부 공원에 대한 보상금과 4·3 사건에 대한 보상금이 풀릴 예정이라 거래도 간간이 이어지고, 앞으로도 이어질 전망입니다. 특히 관광수요가 계속되면서 작년 상반기에서 올해 중반기까지 계속해서 토지 거래가 늘고 있습니다.

6. 중개 시장을 바라보는 자신만의 시각은?

서울, 수도권에서 공인중개사 사무소를 운영하는 경우, 사무실의 위치가 중요합니다. 특히 아파트 중개 거래를 할 경우, 단지 내 상가에서 사무실의 위치에 따라 접수되는 매물의 수가 다릅니다. 따라서 대단지 아파트나 좋은 입지에서 공인중개사 사무소를 차리는 게 확실히 계약을 성사시키기에 유리합니다.

제주도에서도 공인중개사 사무소의 입지가 중요하기는 하지만, 더 중요한 것은 사람들과의 관계입니다. 제주도가 워낙 좁은 지역이다 보니 한두 다리 건너면 서로 아는 사이입니다. 제주시에서 서귀포나 성산포라고 해봐야 1시간이면 다 갈 수 있고, 2시간이면 왕복이 가능한 지역입니다. 그렇다 보니 "너 아무개 아시냐(동생이냐)?"라고 물었을 때 "가이 우리 궨당이여(개 우리 친척이야)"라는 답변을 듣는 경우가 부지기수입니다. 한마디로, 중개사의 평판을 확인할 수 있을 정도로 제주도는 좁은 사회인 것입니다. 그래서 평소 작은 행동 하나도 조심하고 살아야 합니다. 부동산 중개업 하시는 분들 사이에서 소문도 정말 빠른 곳입니다.

부동산 중개업은 사람과 사람을 연결하는 일이라고 생각합니다. 예컨대 토지를 중개하다 보면 그 토지 위에 단독주택을 지으실 분, 타운하우스나 빌라를 지으려는 분, 혹은 상가를 짓고자 하는 분 등 다양한 사람을 만나게 됩니다. 그만큼 다양한 사건을 겪게 되고 다양한 직군의 이야기를 듣게 됩니다. 적어도 중개사라면 그런 분들께 어느 정도의 해법을 제시할 수 있어야 한다고 생각합니다. 단지 토지를 중개하는 것에만 그치지 않고, 그 토지 위에 건물을 지을 고객의 니즈를 충족시켜드리는 것이 중개사가 해야 하는 일이라고 생각합니다.

그러기 위해서는 건축사, 법무사, 회계사, 건축업자 등 각 분야의 전문가들을 연결하고 소개할 수 있어야 하며, 대화를 이끌어나갈 수 있어야 합니다. 상황에 맞춰 대화하는 법을 익히려면 건축, 업장별 특성, 인테리어(심지어 한샘부엌의 등급)에 관한 기본적인 소양을 갖춰야 합니다. 이러한 소양은 전문가들과 대화하면서, 혹은 책을 읽거나 검색 등을 통해서 알 수 있기에 중개사는 끊임없이 다른 사람들의 이야기에 귀를 기울일 수 있어야 하고, 새로운 정보를 습득하기 위해 노력을 게을리하지 않아야 합니다.

7. 실제로 소개해준다면, 어떤 기준으로 소개해주시나요?

부동산 하자 소송이 많아지고 있어서 어느 정도 포트폴리오로 검증이 된 사람들 중심으로 소개해주려고 합니다. 특히 제주도 사람들은 신축하는 경우, 육지 사람들한테 맡기지 않으려고 합니다. 육지 사람들은 왔다 가버리면 끝이라는 인식이 있기 때문입니다. 이러한 지역 주민의 성향을 고려해 인력 소개를 해주는 것도 지속적인 계약을 끌어낼 수 있는 팁이 됩니다.

8. 좋은 매물은 어떻게 찾으러 가나요?

임장 활동을 습관화해야 합니다. 제주도 내 부동산은 여느 지역보다도 변화가 빠릅니다. 개발이 빈번하게 일어나고 바닷가 앞에 상가들, 펜션들, 타운하우스들이 수없이 들어서고 망해서 나가고, 수시로 사장님들이 바뀌는 곳이다 보니 어제 다르고 오늘 다른 곳이 많습니다. 몇년 전에는 한참 커피숍이 유행하는가 싶더니 요즘은 베이커리 카페들이 여기저기 생겨나고 있습니다. 연예인들 맛집도 많이 생기고 있습니다. 이런 트렌드를 파악하다 보면 어떤 매물 중개에 집중해야 할지도 자연스럽게 파악할 수 있습니다. 자주 바뀌는 만큼 거래할 일이 잦다는 의미고, 현장을 방문해 매물을 얻기 위한 임장 활동을 게을리하면 안 됩니다.

또한, 토지는 막상 가보면 지적도에서 보는 것과 카카오 로드뷰와 다를 수 있습니다. 가격에 비해 도로 여건이 너무 좋아서 현장을 방문해 보면 3~4m 꺼진 토지도 있고, 몇 m 높은 곳에 있는 토지도 있습니다. 물론 예전보다 토목 기술이 좋아서 문제가 되지 않거나, 또는 그냥 지하층으로 사용하면 될 수도 있지만, 적어도 매물이 접수되면 현장을 꼭 방문하려고 노력합니다. 지금도 일주일에 1~2번씩은 제주도를 한 바퀴씩 돌고 있습니다.

저는 임장 활동이 즐겁습니다. 사시사철 다른 제주도의 풍경과 바다를 보면서 드라이브하듯 돌아다니다 보면 어느새 하루가 지나가 있더라고요. 애월의 해안도로 서귀포의 풍광, 신창리 바닷가 등 매년 조금씩 바뀌는 제주도를 보면서 여행하듯 맛집 찾아다니는 재미도 쏠쏠합니다. 임장을 수시로 다니면서 상권 트렌드를 파악하는 것도 재미 요소입니다.

이 밖에 DM 등으로 다른 공인중개사 사무소의 물건이 들어오기도 합니다. 건축업자들이 거래를 잘하는 공인중개사 사무소에 매물을 먼저 건네주기도 하기 때문에 인적 네트워크를 만드는 것에도 집중해야 합니다. 주변 지역 부동산 중개사무소 공인중개사들과의 관계도 중요합니다. 중개업을 하는 데 다른 부동산 공인중개사가 무슨 관계가 있냐고 할 수 있지만, 혼자서 처리할 수 있는 매매나 임대는 한계가 있습니다. 좋은 관계에서 쉬운 거래가 나오고 더 많은 매물을 확보할 수 있는 곳이 제주도 부동산 중개사무소라고 생각합니다. 인구 70만에 중개업소만 2,000여 곳에 이릅니다. 350명 중에 한 분은 개업중개사입니다. 중개사님들마다 가진 매물이 다르고 매수인이 다릅니다. 2등은 필요 없는 곳이 중개사라는 직업이라 서로 배타적인 분위기가 있습니다. 그래도 같이 믿고 거래할 중개사님들이 몇 분이라도 있으면 좀 더 쉽게 일을 할 수 있겠지요. 혼자서 할 수 있는 일에는 한계가 있으니까요.

9. 제주도 주민들이 외지인들에게 상대적으로 배타적인 분위기가 아닌가요? 외지인이 와서 중개사로 자리 잡기가 쉽지는 않을 것 같은데 어떤가요?

제주도 사투리가 중세 한국어의 옛 형태에 가깝다고들 합니다. 이는 예전 형태를 잘 보존하고 있다는 의미고, 다른 말로 하면 변화에 적응하는 것이 느리다는 이야기입니다. 특히 제주도에서는 중개업 또한 변화를 잘 받아들이지 않는 분야입니다.

하지만 최근에는 제주도 중개 시장이 변화하고 있습니다. 제주도 인구가 50만 명에서 현재는 70만 명을 바라보고 있고, 사람이 더 많아지고 다양한 인력이 더 충원되고 있는 만큼 대형 중개법인 사무실이 늘고 있습니다. 개발이 일어나면 건축업자를 상대해야 하고, 상대적으로 규모가 큰 단위의 중개 거래를 하는 것이라 신경 써야 할 사항이 많아 분업이 효율적이기 때문입니다.

지역색이 강해 과거에는 공인중개사 사무소들이 별다른 노력 없이도 해당 지역에서 오래 하기만 했으면 부동산 거래를 중개할 수 있었습니다. 하지만 최근에는 외지에서 온 젊은 사람들이 자리를 잡기 위해 현지인 공인중개사보다 더 친절하고 꼼꼼하게 일을 처리하면서 거래 당사자들로부터 선호도가 높습니다.

강한 지역색 때문에 자리 잡는 데 시간이 좀 걸리는 것은 사실이지만, 지역별 사람들의 특성을 파악하고 경험을 쌓으면서 매물에 대한 이해도를 높이고, 노력하며 공부하는 시간이 많아지면 자리를 잡을 수 있습니다. 결국 어디서든 자기 하기 나름이라고 생각합니다.

Q 외지인들이 제주도 토지를 매매할 때 주의할 점은 무엇인가요?

A 1. 믿을 만한 공인중개사 사무소 찾는 법
조례나 법에 능통한 사람과 거래를 해야 합니다. 조례가 바뀌기 직전 건축행위가 가능했다가 갑자기 법이 바뀌면서 건축행위를 할 수 없게 된 사례가 많습니다. 따라서 제주시 지역 사정을 잘 알고, 토지 시장 트렌드에 능통한 사람인지를 판단해보고 거래할 것을 권합니다.

2. 능력 있는 공인중개사를 구하는 것과 별개로 직접 헷갈리는 조례는 확인해볼 것을 권합니다. 제주시청에 전화 한 번이면 확인해볼 수 있는 내용이 많습니다. 우선 체크해야 하는 요소는 도로폭, 사도 여부, 오수, 수도, 전기 등 기반 시설 여부, 농지취득자격증명서 발급 가능 여부, 절대·상대 보전지역 여부, 지하수 보전지구, 생태계 보전지구, 경관 보전지구에 따른 어느 정도 개발이 가능한지 여부, 인근 축사 등에 따른 냄새, 항공기 소음 구역, 고압선 철탑, 토지 내 묘지 및 묘적계 여부, 문화재, 소방도로 등입니다. 도로 부분이 지분으로 된 토지도 건축허가를 받기 어렵습니다. 그리고 바로 옆에 집이 있다고 수도 연결이 가능하다고 생각하면 안 됩니다. 가끔 땅을 활용할 수 없는 맹지인 줄도 모르고 매입 후 팔아달라고 하는 고객을 만나면 너무 당황스럽습니다. 꼭 체크하길 권합니다.

PART 13

관찰과 묘사, 부동산 상품 기획의 시작입니다

이효돈

공인중개사, 부동산 자산관리사

현) 부동산 상품 개발 및 컨설팅 법인, ㈜휴머 대표
현) 반려가족 리조트 '팔레드차밍' 개발 및 운영 법인,
　　㈜마틀러마 부대표

전) 토요경제신문 업무용 부동산 칼럼니스트
전) 넥스트이코노미 창업 칼럼니스트
전) 한국직접판매산업협회 사무국 부장
전) 경기관광연구소 연구원

단국대학교 제1공학부 학사, 경영학 부전공
경기대학교 일반대학원 여가관광개발학과 수료

이메일 : humerci@naver.com

1. 부동산에 관심을 갖게 된 이유와 계기는 무엇인가요?

1987년, 고향인 강원도를 떠나 서울로 이사 오면서 작은아버지의 권유로 가족이 강남구 대치동 은마아파트에 터를 잡았습니다. 평생 직장생활만 하셨던 아버지가 퇴직금으로 마련하신 집이었습니다. 얼마 되지 않아 아버지는 사업 자금이 필요하시다며, 그 집을 팔고 서울 은평구 갈현동의 단독주택을 구매하셨습니다. 이후 은마아파트는 우리 가족이 더는 넘볼 수 없는 고가주택이 되었고, 명절 때마다 그 이야기는 가십거리로 왕왕 등장하곤 했습니다.

은마아파트를 팔았음에도 아버지의 사업은 기대에 못 미쳤으며, 또 다른 작은아버지의 도움을 받아 의류 봉제업에서 가구 제조업으로 업종까지 바꿨습니다. 그런데도 사업은 순탄치 않아 집안은 점점 어려움에 직면해, 끝내 제 학원비를 조달하기도 부담스러워할 정도의 상황이 되고 말았습니다. 이때 어머니는 뛰어난 순발력으로 당구장, 노래방 등 업종을 가리지 않고 장사에 뛰어들어 위기에 처한 우리 가족을 구해내셨습니다.

그런 어머니는 늘 이런 말씀을 하셨습니다. "아들아, 돈을 벌려면 부동산을 공부해야 한다." "아들아, 앞으로 중국이 경제 대국이 되니 중국어를 공부해야 한다." 마치 미래를 예측이라도 하신 듯 중국어와 부동산을 공부해야 한다고 강조하셨습니다. 비록 중국어는 공부하지 않았지만, 14년 동안 임했던 직장생활을 접고 부동산을 업으로 하고 있으니 어머니의 바람은 이뤄졌습니다.

2. 공인중개사 자격증에 도전하게 된 이유와 계기는 무엇인가요?

직장생활 11년 차, 방문판매 기업이 회원사로 구성된 모 협회의 비영리 법인 사무국에서 대관(對官, GR), 홍보(PR), 그리고 기업 컨설팅 업무를 담당했습니다. 과거 협회에서 근무했던 친한 선배가 신규 회원사 리스트를 보더니 본인이 몇 년간 유치한 회원 수보다 많다며 비결이 뭐냐고 물었습니다. 그저 국내에서 방문판매업을 하려는 회사 담당자들에게 친절히 상담해준 일밖에 없다고 했더니, 선배는 뛰어난 영업력을 지녔다며 칭찬했습니다. 그때까지도 저 스스로 영업에 재능이 있다고 생각하지 못했습니다.

그렇게 회원 수가 꾸준히 늘었지만, 제가 받는 급여는 매해 큰 차이가 없었습니다. 이때부터 스스로 적성과 미래에 대해 깊게 고민하기 시작했습니다. 결국, 성과를 낸 만큼 보상을 받을 수 있는 영업을 하리라 마음먹었습니다. 그중에서도 내심 전문 자격증을 가진 고급 영업을 하고 싶었습니다. 국가공인 자격증이 필요하면서 영업직에 속하는 분야가 부동산 중개업이었고, 이때부터 공인중개사 자격증을 준비했습니다. 마침내, 직장생활 13년 차인 2016년에 자격증을 취득했고, 부장으로 승진했던 14년 차에 멋지게 사표를 쓰고 부동산 중개업에 뛰어들었습니다.

3. 협회 사무국 재직 당시 신규 회원사를 유치하게 된 영업 비결이 있나요?

방문판매 기업의 회비로 운영되는 협회 특성상 회원사 유치 및 관리가 중요했습니다. 당시 회원사 증대를 위해 '방문판매 등에 관한 법률'을 전문가 수준으로 숙지하고 있었습니다. 규제 일변도의 법률이기 때문에 시장에 새롭게 진입하려는 기업들은 법인 설립에 따른 유의 사항 등 여러 복잡한 절차에 대한 자문이 절실했습니다. 구체적이고 세밀한 법률 지식으로 상담을 해주니 그들은 저를 신뢰했고, 회원사로 쉽게 유치할 수 있었습니다.

중개 업무, 분양 업무를 했을 때도 이때의 경험을 살려 수익을 올릴 수 있었습니다. 공인중개사 자격증을 취득한 이듬해인 2017년, 서울 강서구 마곡지구에 있는 공인중개사 사무소에 소속공인중개사로 취업하게 되었습니다. 당시 공인중개사 사무소 대표는 지식산업센터와 해당 근린생활시설의 분양대행사를 함께 운영 중이었기 때문에, 저 또한 그 상품을 판매하는 분양 업무를 병행해야 했습니다. 그때까지만 해도 지식산업센터가 투자 상품으로는 알려지지 않았던 때라 거래처로부터 질문이 많았습니다. 이전 회사에서 방문판매업 상담을 해줬을 때처럼 지식산업센터에 관한 법률을 숙지했습니다. 그 결과, 세제 혜택, 대출 범위 확대, 공장등록 가능, 산업전기 이용, 시설자금 지원 등 입주기업에 유리한 세부 사항을 어필할 수 있었습니다.

관련 지식을 많이 알고 있던 덕에 다른 공인중개사에게도 해당 상품의 판매를 권유해 영업조직에 편입시키면서 분양 알선 수수료를 통해서도 적지 않은 이익을 얻었습니다. 특히 새로운 자료나 상황이 생길 때마다 판매에 도움이 될 만한 이야기를 공유하며 그들의 동기부여에도 신경 썼습니다.

영업이란 게 대상만 다를 뿐 진정성 있게 사람을 챙긴다는 측면에서 같은 맥락이 아닐까 합니다. 협회에 근무했던 당시를 돌아보면, 그들의 고민을 마치 제 것처럼 공감해줬던 일이야말로 다수의 회원사를 유치할 수 있었던 비결이라고 생각합니다. 방문판매 방식으로 유통하는 상품은 주로 화장품, 건강기능식품 등인데, 그러한 상품은 소비자가 한번 정해놓으면 좀처럼 쉽게 바꾸지 않는다는 특징이 있습니다. 이처럼 시장 진입의 어려움 때문에 협회를 찾는 고객들에게는 영업의 기획 단계부터 함께 고민해주었습니다. 협회 담당자인 저를 동업자이자 조력자로 느끼게 해주었으며, 그들 회사에서 일하는 사람이 아님에도 최선을 다하는 모습을 보여주었습니다. 그로 인해 상호 간의 신뢰가 형성되었고, 관계를 지속하고자 하는 고객들의 필요성에 의해 그 기업들을 회원사로 유치할 수 있었습니다.

4. 부동산 중개 시장과 부동산 투자 시장을 바라보는 자신만의 시각을 말씀해주세요

투자 시장은, 시장 참여자인 투자자들이 전반적으로 이익을 보거나 손실을 보는 등 경기 흐름에 크게 영향을 받을 수밖에 없습니다.

투자 시장이 호황일 때 중개 시장이 활성화되며 수익을 극대화할 수 있다는 점에서 양쪽 시장 간 흐름이 비슷하다고 볼 수 있습니다. 하지만 중개 시장은 투자 시장이 위축되더라도 전월세 시장 등 다른 성격의 수입원이 발생할 수 있어 상대적으로 경기 흐름에 덜 영향을 받습니다. 상승장이더라도 주거 상품과 비주거 상품 중 어떤 것에 주력하는지 따라 수익 차이가 있고, 하락장에서도 분양, 매매, 전세, 월세 중 어떤 거래에 주력하느냐에 따라 이익이 달라집니다.

따라서 시장 변화에 따른 위험을 줄일 수 있도록 중개 대상의 포트폴리오를 구성해 업무의 다각화를 모색해야 합니다. 예시로서, 투자 자산 관리 포트폴리오를 참고하면 이해가 쉽습니다. 그 구성을 보면 높은 수익 대비 위험성이 큰 주식과 상대적으로 수익이 낮은 채권이 혼재되어 있는데, 중개업 자체를 하나의 큰 자산이라고 본다면 이 또한 위험자산과 안전자산으로 구성하는 것이 좋습니다. 중개 시장에서 수익이 높은 분양이나 매매를 위험자산이라 보고, 상대적으로 수익이 낮은 전월세를 안전자산이라 한다면, 이들을 적절히 융합해서 거래해야 안정적으로 사업을 운영할 수 있습니다.

5. 자신만의 영업 노하우와 마케팅 비법을 알려주세요

영업과 마케팅은 돌탑을 쌓는 것에 비유할 수 있습니다. 높게 쌓는 것이 영업이라면, 안정적으로 넓게 쌓는 것이 마케팅이라고 생각합니다.

높게 쌓으려면 면이 잘 맞닿아 있으면 됩니다. 돌과 돌 사이의 면대면을 나와 고객 간의 관계라고 한다면, '돌과 돌 사이의 접점(接點)을 만드는 일'이 바로 영업활동입니다. 접점, 즉 관계를 잘 만들어야 돌을 높게 쌓을 수 있으니, 성공적인 영업활동이란 결국 고객과의 관계를 더욱 끈끈하게 맺는 작업이라고 할 수 있습니다.

또한, 돌탑을 더욱 안정적으로 쌓으려면 쌓기 좋은 모양의 돌을 선별하면 되는데, 이러한 '좋은 돌의 선별(選別)' 작업이 곧 마케팅의 핵심 과업입니다. 잘된 마케팅 기획안은 상품과 서비스의 질을 달리해서 고객의 만족을 높일 수 있습니다. 시간과 정성을 다해 쌓기 좋은 돌을 선별하는 과정이 마케팅 작업인 셈입니다.

노력을 들여 엄선한 돌일수록 면이 잘 맞닿을 수 있습니다. 잘 맞닿은 돌 위에 또 다른 돌을 안정적으로 얹을 수 있으므로 영업 성과는 올라갑니다.

쉽게 정리하자면, 마케팅은 '취급하는 상품의 질적 향상을 도모하는 것'이라고 할 수 있습니다. 부동산 상품을 홍보하기 위해 인터넷으로 블로그 마케팅을 했던 기억을 돌이켜 보면, 무엇보다 많은 정보를 취합하고 글 하나하나에 정성을 다했을 때 질 좋은 고객들이 많이 유입된 것 같습니다. '정보의 바다' 한가운데 정성과 깊이가 없는 마케팅 문구는 사람들의 선택을 받을 수 없습니다. 특히나 부동산은 고가의 상품인 만큼, 고객들은 가벼운 문구를 남발하는 주체와 상담하려 하지 않는다는 것을 알아야 합니다.

물론 시장이 좋아 물건을 구하기 힘든 상황에서는 성의 없는 광고 문구를 통해서도 눈먼 투자자들의 선택을 받을 수 있습니다. 그러나 이것은 마케팅을 잘해서 눈에 띈 것이 아니라 어쩌다 얻어걸린 평범한 광고 게시글 중 하나일 뿐입니다. 일반적인 부동산 시장에서는 누구보다도 취급하는 상품에 있어 전문적인 모습을 보여주어야 합니다. 그 분야를 잘 알지도 못하면서 상품을 마케팅하고 판매하는 행위는 고객에 대한 기만이기 때문입니다.

중개업을 하다 보면 좋은 물건을 다른 중개사들에게 소개해서 판매하기도 합니다. 온라인 공동중개망도 있지만, 이를 통해 중개사들의 관심을 끌기에는 역부족입니다. 사이트에 워낙 많은 물건이 올라오기도 하고, 자신이 속한 영역에서 벗어난 것들에 크게 관심을 가지지 않는 경우가 많아서입니다. 이 경우 이웃 공인중개사들을 일일이 찾아다니며 그것을 소개한다면 효과적일 수 있습니다. 직접 대면한다면, 온라인 공동중개망에 올라온 물건들보다도, 그들의 기억 속에 남을 확률이 높습니다. 손님이 방문했을 때, 그 물건을 먼저 소개할 가능성도 커지게 됩니다.

다시 강조하지만, 영업은 자신을 상품으로 사람들과 소통하면서 관계를 맺는 일입니다. 앞서 언급한 것처럼 끈끈한 접점을 만드는 작업이 영업입니다. 냉정한 것 같지만 사람들은 처음 본 누군가가 홍보하는 상품에 그다지 관심이 없습니다. 상품을 팔기 위해 낯선 이가 접근했다는 사실만으로 그들은 특별할 게 없는 일개 영업사원이기 때문입니다. 그래서 어떤 형태로든 여러분의 첫인상을 사람들의 기억 속에 남기는 것이 영업의 핵심 과업이 되어야 합니다. 즉, 영업은 '상품'을 판매하는 게 아니라 '자신(自身)'을 브랜드로 해서 사람들과 소통하는 일이 되어야 합니다. 소통 없이 홍보물만 잔뜩 뿌리고 다닌다면 영업활동을 했다고 볼 수 없습니다. 전단 한 장보다 여러분의 표정, 행동, 그리고 말 한마디가 사람들의 기억에 오래 남습니다. 사람들은 상대에 대한 좋은 기억이 있어야 비로소 그가 하는 일에 관심을 두게 된다는 사실을 잊어서는 안 됩니다.

6. 자기 자신을 어필할 수 있었던 팁이 있나요?

앞서 언급했지만, 소속공인중개사로 근무하던 곳이 분양대행사를 겸하고 있었기 때문에 중개 업무보다 분양 업무의 비중이 더 높았습니다. 그래서 회사의 상품을 취급해줄 주변 공인중개사 사무소를 찾아다니며 분양 업무를 보는 일이 부지기수였습니다.

사실, 분양사원을 환영하는 공인중개사 사무소가 많지 않습니다. 그들이 취급하는 물건에 대해 본인들보다 전문적이지 않고, 건네주는 자료는 회사에서 일괄 제작한 뻔한 내용이라고 생각하기 때문입니다.

반면, 저는 좀 더 쉽게 다가갈 수 있었습니다. 이들에게 호기심, 흥미를 불러일으켰기 때문입니다. 우선, 자료는 분양사무소에서 일괄 제공하는 여러 장짜리 팸플릿이 아니라 관심을 가질 만한 핵심 내용을 바로 보여줄 수 있는 한 장짜리 전단으로 직접 제작해 가독성을 높였습니다.

부끄럽지만, 그들의 기억에 남도록 전화번호 옆에 제 사진도 함께 넣어 인쇄했습니다. 또, 자료를 쉽사리 버리지 않도록 투명 L홀더에 담아 초콜릿이나 젤리 등을 붙여 전달했습니다.

그 과정을 통해 공인중개사 사무소 대표님이나 직원분들과 대화할 수 있게 되면, 그것을 유일한 기회라 생각하고 열심히 상품을 피력했습니다. 특히, 제가 지식산업센터에 대해 전문성을 갖추고 있다는 것이 자연스레 전달되도록, 입주기업 혜택에 관한 객관화되고 검증된 자료를 준비해갔습니다. 손님의 문의가 있으면 편하게 연락해달라고 부탁했는데, 실제로 많은 분으로부터 브리핑 요청을 받았습니다. 연락받는 순간 타이밍을 놓칠세라 5분 대기조인 것처럼 신속하게 방문했습니다. 나중에는 더 빠른 방문을 위해 전동 킥보드를 구매해 타고 다니기도 했습니다. 향후 저를 찾는 공인중개사 대표님들이 점점 늘어나기 시작했습니다. 본인들이 받게 되는 분양 수수료도 중요했겠지만, 늘 노력하는 저의 모습이 신뢰를 보여준 게 아닌가 싶습니다.

돌이켜 보니, 주변 공인중개사 사무소 대표님들과 관계를 맺고 거래처를 늘리면서 높은 수익을 올릴 수 있었습니다. 그들과 맨 처음 만남은 '가볍게' 시작되었지만, 대화를 시작한 뒤 저에 대한 인식을 전문적일 수 있도록 '무겁게' 바꾸면서 안정적인 분양 대행 업무를 할 수 있었습니다.

7. 고객이 자신을 신경 쓰고 있다고 생각하게 하려면 어떻게 해야 할까요?

앞서 제 경험을 토대로 영업 노하우와 마케팅 비법을 말씀드렸습니다. 그런데 생각해보면, 간과하면 안 되는 중요한 후속 절차가 남아 있습니다. 바로 영업과 마케팅 활동을 통해 맺어진 고객을 관리하는 일입니다.

"신경 좀 써주세요."

만약 부동산업에 종사하는 사람이 이런 말을 한 번이라도 들었다면 반성해야 합니다. 고객 관리는 고객 창출보다 몇 배는 중요합니다. 고객과 계약만 하고 더는 신경 쓰지 않는다면, 그 누구도 관계를 지속하려 하지 않을 것입니다.

한번 인연을 맺은 사람을 꾸준히 관리해온 중개사는 시장이 안 좋을 때 빛을 보게 됩니다. 수요가 줄어들고 공급이 넘쳐났을 때, 신규 영업이나 마케팅은 효과를 보기 어렵고 시장에서의 경쟁도 치열합니다. 고객 유치가 힘든 상황에서는 신뢰 관계가 형성된 기존 고객들에 의해 재구매가 일어나거나 이들의 소개로부터 거래가 성사되는 비중이 높아집니다.

"나도 그 중개사님 좀 소개해줘."

이 말이 곳곳에서 들리게 해야 합니다. 당장 돈이 안 되는 것처럼 느껴지는 고객 관리야말로 쌓이면 최고의 수입원이 된다는 것을 잊어서는 안 됩니다.

어쩌면 영업과 마케팅 활동보다 어려운 일이 고객 관리가 아닐까 싶습니다. 중개사 대부분은 신규 물건을 찾고 새로운 고객을 유치하는 것만으로도 시간이 부족하므로, 기존 고객 관리에 대해서는 의도치 않게 소홀해질 수밖에 없습니다. 계약이 끝나면 전월세 상품과 같이 만기가 도래해서 연장업무 등을 하지 않는 이상 기존 고객과는 점차 연락이 뜸해지게 됩니다.

저 같은 경우 이런 상황을 극복하기 위해 고객별로 인사드리는 일정을 스마트폰에 입력해놓았던 기억이 납니다. 특별히 이슈는 없더라도 계약 후에 한 달 간격이나 분기 간격으로 알람을 맞춰놓고 인사차 연락하는 것이 가장 좋은 방법이었던 것 같습니다. 당장 돈이 되는 일은 아니지만, 꾸준히 연락하다 보면 고객으로서는 자신을 신경 쓰고 있다는 인식을 가질 수밖에 없습니다. 그러면 그 고객들은 주변에 중개가 필요한 사람들을 소개해주거나 매도나 매수와 같은 중요한 사안에 대해 저와 상의하게 됩니다. 이는 기존 고객에게 최선을 다했을 때 비로소 얻을 수 있는 결과라고 생각합니다.

8. 중개업계에서 시행업계로 전직했는데, 이를 위해서는 어떤 자질이 필요할까요?

건물을 지어 단순히 판매하는 것만으로는 성공적인 시행이 될 수 없습니다. 부동산 시장이 악화했을 때는 더욱더 그러합니다. 시행이라는 것은 차별적인 콘텐츠로 공간을 구성할 수 있는 기획력이 있어야 어떤 상황에서도 성공할 수 있음을 의미합니다. 주택이든 업무 빌딩이든 해당 건물에 실입주하거나 임차하려는 사람들에게 새로운 가치를 부여해야 합니다. 건물을 이용하는 데 편리함과 쾌적함을 제공함으로써, 이들의 삶의 질, 업무 질이 향상되어야 합니다. 심지어 근린생활시설에 어떤 업종이 임차되었을 때 해당 건물의 가치가 높아질 수 있는지마저도 예측해야 합니다. 결국, 성공적인 시행에 따른 부동산 상품은 인구 통계, 생활 방식, 산업 및 소비 추세, 주변 상권 등 수요에 영향을 줄 수 있는 요인들을 꼼꼼히 파악해서 설계에 반영된 것이라 할 수 있습니다.

부동산 시행 업무란, 단순히 땅을 사서 용도에 맞는 건물을 짓고 파는 행위가 아니라 '팔릴 수 있는' 부동산 상품을 기획하는 것입니다. 즉, 시행자는 팔릴 만한 요소를 설계에 반영하는 능력이 있어야 하는데 이것이 바로 '기획력'입니다.

그럼 어떻게 해야 기획력을 갖출 수 있을까요? 이는 바로 사물을 관찰하고 묘사하는 습관으로부터 시작됩니다. 숱하게 대상을 관찰하고 정리하는 과정을 거치면서 안목을 기를 수 있습니다.

예를 들어, 프라자 상가로 대표되는 상가건물을 개발하는 데 관심이 있다면 다양한 지역의 프라자 상가를 최대한 많이 다녀보아야 합니다. 관찰을 통해 대상 건물의 특징을 있는 그대로 스케치하듯 메모하는 습관이 필요합니다. 크게 '주변 환경'과 '건물의 물리적 특성'으로 구분해서 정리하면 좋습니다.

'주변 환경'이란 입지적인 특징을 말하는데, 수요분석에 도움이 되는 '인구 통계', 접근성을 결정하는 '도로 상태', 그리고 인구 유입에 영향을 주는 '공공 기반 시설' 등이 그것입니다.

'건물의 물리적 특성'은 건물 그 자체를 의미하는데, 도면을 통해 확인할 수도 있지만 되도록 직접 방문해서 관찰해야 정확히 묘사할 수 있습니다. 입구와 로비의 형태, 엘리베이터의 수와 위치, 호실 수, 주차대수, 개별 호실의 형태 및 배치, 층고, 발코니, 그리고 옥상정원과 같은 공용 시설 등 해당 건물이 가진 세부 사항들을 빠짐없이 조사하고 기록해야 합니다.

많은 건물을 관찰하다 보면 특정 건물만이 가진 장점이나 단점을 발견하기 시작합니다. 이같이 수집된 사례들은 나중에 본인이 지을 건물에 자연스레 적용할 수 있습니다. 장점은 도입해서 부각하고 단점이 될 만한 요소는 최대한 축소하거나 제거하면 됩니다.

수많은 건물을 관찰하고 묘사하면서 스스로 장단점을 구분할 수 있게 되었다면, 우수 상품을 선별하고 이를 검증하는 과정도 필요합니다.

그 방법은 간단합니다. 매매 또는 분양 상품 중 가치 있다고 판단되는 물건들을 스스로 선별해보고 그것을 고객들에게 권해보는 일입니다. 반응이 좋을 수도 있지만, 예상과 달리 부정적인 반응이 나올 수도 있습니다. 본인이 선별한 상품으로부터 계약까지 달성해본 경험은 상품 개발과 기획업무에 있어 어디서도 배울 수 없는 능력을 얻게 되는 것입니다. 어떤 부분이 고객에게 만족스러웠는지, 아니면 불만족스러웠는지 알게 됨으로써 자연스레 계약에 영향을 미치는 중요한 요소를 이해하게 됩니다. 고객 접점에서 이를 직접 겪어보는 것이야말로 시행 능력을 키울 수 있는 최상의 교육 방법이라 할 수 있습니다.

9. 생소한 분야인 반려가족 리조트 사업을 하게 된 계기가 있었나요?

소중한 사람은 소리 소문 없이 우연한 기회에 찾아온다고 했던가요? 당시 한 살도 안 된 어린 강아지, '감귤이'가 만들어준, 말도 안 되는 인연이었기에, 그 이야기를 하지 않을 수가 없습니다.

2022년 늦가을경이었습니다. 당시 피엔에스 그룹이 부산에 계획 중이던 대형 업무 빌딩의 기획 작업에 몰두하던 중이라 재택근무를 하고 있었습니다. 집에서 답답해하고 있는 감귤이를 위해 애견동반이 가능한 카페를 찾던 중, 우연히 용산역 인근의 모 애견카페를 알게 되었습니다. 많은 곳을 다녔지만 도심 한가운데 그처럼 트렌디하고 세련된 공간은 처음이었습니다. 자주 방문하고 싶은 마음에 단골 혜택 등을 문의해봤는데, 연간 회원권을 판매한다고 했습니다. 특이한 곳 같아 알아보니 이곳이 동양평에 개발 중인 반려가족 리조트의 서울 라운지였습니다. 리조트 회원권 없이 라운지를 이용할 수 있다는 생각에 더 좋게 느껴졌습니다. 다음번 방문 때 고민 없이 100만 원을 내고 라운지 멤버십을 끊었습니다.

인연의 시작은 이때부터였습니다. 담당 직원이라고 하면서 훤칠한 키에 말끔하게 생긴 청년이 인사차 찾아왔습니다. "회원님, 안녕하십니까? 담당 버틀러입니다. 라운지 멤버십 1호 회원이 되신 것을 축하드립니다"라고 말하며 계약서를 건네는데, 톤앤매너가 남달라 인상적이었습니다. 영업사원 스스로 집사라는 의미의 '버틀러(butler)'라고 칭하고, 애견동반이라는 용어 대신 '반려가족'으로 명명하는 것도 특이했지만, 라운지 멤버십 하나 끊었다고 형식을 갖춘 계약을 진행하는 것부터, 인연이 된 것을 감사하게 여긴다며 맞춤법, 띄어쓰기 하나 틀리지 않고 정성스레 보낸 카카오톡 메시지까지 마음을 울리기에 충분했습니다. 커피 한잔 마시러 온 카페 회원일 뿐인데, 리조트 무료 숙박권이라든지, 소파 자리 우선 예약, 고객을 대하는 말투 등 제공되는 서비스 면에서도 일반적이지 않아 더욱 그러했습니다.

그렇게 회원이 되어 카페에서 업무를 보고 있는데, 그 담당 버틀러가 제게 인사를 하며 다가왔습니다. 도면을 검토 중인 제 모습에 관심이 있는지 슬쩍 쳐다보면서 "혹시 어떤 일을 하는지 여쭤봐도 됩니까?"라고 조심스레 말을 걸어왔습니다. 당시 기획하던 대형 빌딩의 로비 쪽에 반려견을 위한 공간을 구상했던지라 저 또한 반가운 마음에 얼른 말을 섞었습니다. "리조트 쪽은 아니지만, 저도 부동산 상품 기획자로 일하고 있습니다. 반려견 관련 콘텐츠에도 관심이 있습니다. 언제 시간이 되면 반려견을 위한 공간이 마련된 대형 업무 빌딩을 어떻게 생각하는지 여쭤보고 싶습니다." 그가 흔쾌히 수락하면서 자신의 정체를 밝혔고, 조만간 시간을 갖기로 했습니다. 알고 보니 그는 해당 리조트 개발 및 운영사인 '㈜마틀러마'의 대표였습니다. 어쩐지 고객을 대하는 태도가 평범한 직원은 아닌 것 같았습니다.

제 이야기를 들려주고, 그 또한 본인이 하는 반려가족 리조트에 대한 느낌을 물어보면서 우리는 일로 가까워지기 시작했습니다. 2023년 2월, 개발 중인 양평 현장까지 방문하게 되었고, 여러 문제점에 대해 지적하고 개선점에 관한 이야기가 오가면서 이 사업에 대한 가능성이 보이기 시작했습니다. 사업자료들을 살펴보던 중, 그가 서울대학교 영문과 출신에다 아버지가 펼쳐놓은 사업을 위해 젊은 나이에 대표가 되어 무게를 짊어지고 있다는 것을 알게 되면서 감탄과 동시에 왠지 모를 연민에 사로잡혔습니다. 이 사업에 참여하게 될지도 모른다는 일종의 신호탄 같은 것이었습니다.

수개월을 함께하면서 그에 대해 받은 느낌은 더욱더 인상적이었습니다. 회사를 경험한 적 없는 젊은 사업가이지만, 상호 간의 예의와 약속을 중시하는 태도, 서비스에 대한 확고한 철학, 과업을 맞닥뜨리면 밤을 새워서라도 해내는 집념, 하나의 아이디어를 제시하면 높은 이해도와 지식으로 다른 아이디어를 붙여 완성해내는 능력과 감각, 그리고 세련된 문구와 이미지로 표현하는 뛰어난 작업 기술에 놀라움을 금치 못했습니다. 그 능력치를 떠나 어디서 배우지 않고 스스로 터득했다는 사실만으로도 감동이 밀려왔습니다. 오랜 직장생활과 사업을 하면서 많은 사람을 만나고 함께 일해봤지만, 이른바 타고난 '일잘러'는 처음 봤습니다. 말이 아닌 글로써 의견을 공유하는 객관화 작업과 신뢰에 기반한 업무 스타일도 마음에 들어 그에 대한 호감을 증폭시키는 데 일조했습니다.

취미와 감성마저 닮은 부분이 많아 공감이 잘되었기에 서로 가진 장점을 독려하고 극대화할 수 있었습니다. 그런데도 각기 잘하는 분야가 잘 나뉘어 있어 서로가 부족함을 채워준다면 멋진 미래가 펼쳐질 것 같았습니다. 결국, 제 속에 아직 남아 있는 뜨거움을 젊은 사업가의 화로 속에 담아 태우기로 마음먹었습니다. 점점 그와 동고동락하는 사이가 되어 2023년 4월, 제 법인 휴머는 그의 회사인 마틀러마와 상품기획 및 분양 대행 계약을 하기에 이르렀습니다. 나아가 2023년 9월 마틀러마의 부대표까지 되면서 반려가족 리조트 상품 기획자에서 임원에 이르는 현재 진행형 스토리가 완성되었습니다.

10. 새로운 분야를 접하고 기획하는 과정에서 어려움은 없었나요?

사람들이 궁금해합니다. 지식산업센터와 같은 업무 빌딩을 기획하다, 어떻게 반려가족 리조트 사업을 하게 되었는지 말입니다. 앞서 우연한 만남으로 리조트 회사와 인연이 되었다고는 했지만, 서로의 생각이 합치되지 않았으면 불가능한 일이라고도 생각합니다. 처음 자료를 받았을 때 몇 날 며칠을 들여다보고 관련 자료를 수집하면서 제 생각을 정리했습니다. 부족한 부분을 보완할 방법을 제시하고, 새로운 그림을 그려나갔습니다. 아마도 제가 생각하는 그림이 마틀러마 대표가 아쉬워했던 부분을 충족시켜 주었기 때문에 일로 발전될 만큼 진정한 인연이 되지 않았나 싶습니다.

사실, 기획 단계 초기부터 리조트를 이용하려는 고객의 관점에서 그들이 필요로 하는 것이 무엇인지 조사했고, 그 과정에서 느꼈던 몇 가지 요소들을 일목요연하게 정리해서 보여주는 일을 반복해왔습니다. 과거에 해왔던 업무빌딩이나 지금 하는 리조트나 대상만 다르지 '고객이 원하는 무엇을 알아내는 과정'이라는 점에서 같은 일을 했을 뿐입니다. 기획자가 그리는 그림은, 새로운 것이 아닌, 고객이 그토록 바라던 것들에 공감하며 대신 그려주는 게 전부라, 복잡하고 어려울 게 없다고 생각합니다. 다만 그러한 일을 말이 아닌 글로 제시하면서 업무능력, 일에 대한 성의, 그리고 책임감을 보여주는 것이 기획자가 갖추어야 할 매우 중요한 태도라는 점을 강조하고 싶습니다. 건축주와 같은 시행 주체도 고객과 다를 바 없는 사람입니다. 기획자가 정성스레 조사한 내용에 공감하면서 손을 내밀게 됩니다. 제게도 기회는 그렇게 찾아왔습니다.

11. 기획 업무를 하면서 가장 중요하게 생각하는 내용이 있다면 무엇일까요?

상품 기획의 첫 단추는 '어떻게 팔까?'가 아니라 '팔릴 수 있을까?'를 고민하는 것부터 채우기 시작합니다. 대다수 사람이 자아도취에 빠져 대단한 상품을 만들었다고 착각하면서, 시장의 반응은 고려하지 않은 채, 상품 개발에만 몰두하는 경향이 있습니다. 만들고 나서 고객에게 맞춰나가는 '커스터마이징(customizing)'이 아니라, 고객이 원하는 게 무엇인지 알아낸 뒤 정확히 부합하는 상품을 만들어내는 '커스터마이즈드(customized)'가 되어야 합니다. 결국, 기획이란 '나는 어떤 상품을 만들어야 하나?'가 아니라 '사람들은 어떤 상품을 원하는가?'를 찾는 과정인 셈입니다.

요약하자면, 더 좋은 상품을 '개발'하는 것이 아니라, 고객이 진정으로 원하는 무엇을 파악하는 일에 가장 많은 시간을 들여 '맞춤'을 완성하는 것이 기획이라고 할 수 있습니다. 사실, 현대사회에는 다양한 상품과 서비스가 유통되고 있어 이용 고객에게, 다소 아쉬운 부분은 있겠지만, 무엇이 없어서 불편한 것은 거의 없습니다. 결국, 제대로 된 기획 업무란 새로운 무엇을 개발하는 게 아니라, 익숙한 나머지 부족한 줄 몰랐던 잠재적 요구(needs)를 찾아 공감대로써 끌어내는 작업이라고 할 수 있습니다. 고객과의 의사소통을 통해 그들에게 필요한 상품이 무엇인지 알아내고, 이것을 상품화시키는 과정을 도출하는 것이 바로 기획안입니다.

집합 건물의 로비 주변은 음식 냄새 나는 근린생활시설로 잔뜩 채워져 있는 게 당연하다고 생각했지만, 대기업 사옥과 같은 쾌적한 로비를 경험한 뒤 고급스러움의 기준을 깨닫게 되는 것, 여름 성수기의 애견동반 숙박 시설은 예약이 어렵고 비싼 것이 당연하다고 생각했는데, 부담스럽지 않은 반려가족 리조트 회원권을 통해 꼭 그렇지만은 않다는 것을 스스로 알게 되는 것 등이 잠재적 요구의 발현(發現)이라고 할 수 있습니다. 이같이 고객들의 잠재적 요구를 파악함으로써 고객 맞춤형 기획안이 완성될 수 있습니다.

의도가 지나친 나머지 자체의 장점을 부각하지 못하고 경쟁상품을 깎아내리기만 하는 잘못된 기획안도 있습니다. 고객은 문제점을 스스로 인지(認知)하지 못하면 그러한 자극에 좀처럼 반응하지 않습니다. 다른 상품에 관한 내용은 최대한 자제하면서 우리의 이야기를 담백하게 전달해서 공감을 끌어내는 기술이 필요합니다.

고객과의 공감대를 찾는 데에는 큰 노력과 시간이 필요합니다. 그래서 기획자에게는 상품 개발 초기부터 수시로 고객과 소통하면서 자연스레 질문을 던지는 과정이 요구됩니다. 그러므로 직접 영업에 참여하거나 영업자와 긴밀히 소통하면서 발굴한 것만이 제대로 된 기획안이 될 수 있습니다.

고객과 소통하면서 당연하다고 생각했던 것들을 문제로 인지시키고 실제로 깨 주는 과정을 보여준다면 완성도 높은 기획서가 될 수 있으며, 그것을 상품 개발에 적용한다면 고객 반응을 기대할 수 있습니다.

물론 당연함 속에서 문제를 찾는다는 것은 쉬운 일이 아닙니다. 그래서 기획이 어렵다면 어렵습니다. 이런 이유로 높은 수준의 꼼꼼함과 섬세함을 가진 사람만이 기획자가 될 수 있는 것입니다.

알면서도 문제로 인지하지 못했던 사안들을 파악해서 고객과의 공감대를 형성하는 것이 기획과 마케팅, 그리고 영업에서 가장 우선시되어야 하는 게 아닐까 싶습니다. 그것의 선행 과정 없이 상품의 정체성만을 제시하면 누구도 마음을 열지 않습니다. 고객들이 인지하지 못했던 불편한 부분들에 대해 조심스레 질문하고, 그다음 우리 상품의 차별적 특성을 제시하면, 대조 효과(contrast effect)는 더욱 빛을 발할 것입니다.

PART 14

공인중개사는
소신과 신뢰입니다

이희경

공인중개사

현) 태평공인중개사 사무소(인천광역시 연수구)
현) 한국공인중개사협회 인천광역시 연수구지회 여성위원
현) 인하대학교 정책대학원 부동산학 석사 과정

전) 경인매일 전산실 근무
전) 세무사 사무실 근무
전) 보습학원 교사

블로그 : https://blog.naver.com/july4848
홈페이지 : http://8321900.kmswb.kr/
이메일 : july4848@naver.com

1. 부동산에 관심을 갖게 된 이유와 계기는 무엇인가요?

저희 가족은 네 자매가 어렸을 때부터 고등학교 졸업 때까지 이사를 10번 이상 다닐 정도로 유난히 가난했습니다. 단칸방에서 부모님과 여섯 식구가 산 적도 있었습니다. 당연히 독채나 아파트에 거주하는 친구들을 부러워했으며, 자가로 집을 가져야 한다는 소망을 잊어본 적이 없을 정도입니다. 결혼한 이후에도 신혼생활부터 반지하 빌라에서 시작했습니다. 비가 오면 물이 차올라서 펌프를 켜야만 했던 적이 한두 번이 아니었습니다. 부동산 지식이 없어 피해를 볼 뻔했던 적도 있었습니다. 가난했기 때문에 싸구려 월세방을 전전했고, 아무것도 몰랐던 저는 당시 임대인이 나가라고 하면 나가야 하는 줄 알았습니다. 또 부동산 중개사무소에서 경매 넘어가기 직전의 싼 집들의 월세를 보여주면서 보증금은 지킬 수 있다고 유혹해서 그런 집에 들어갈 뻔한 적도 있었습니다. 결혼하고 10년 정도가 되어서야 34평 아파트를 장만해서 살 수 있었습니다.

가난했던 경험, 부동산 사고를 당할 뻔했던 경험 등을 겪으며 자연스레 부동산에 관한 관심을 가지게 되었고, 나라면 고객에게 제대로 된 집을 알려주고 소개할 수 있다는 자신감이 생겼습니다. 그리고 앞으로는 절대 남의 집에 살지 않겠다고 다짐했습니다.

2. 공인중개사 자격증에 도전하게 된 이유와 계기는 무엇인가요?

세무사 사무실에서 일을 하다가 둘째 아이를 낳으면서 일을 그만두게 되었습니다. 몇 년을 집에서 가정주부로 일하다 취업하려고 보니 경력단절녀인 저를 받아주는 회사는 거의 없었습니다. 간신히 보습학원에 취업해서 초보 교사로 초등학생 아이들을 가르치는 일을 했습니다. 이 시기에 많은 고민을 거듭하며, '내가 앞으로 오랫동안 할 수 있는 일이 무엇일까? 내가 좋아하는 일이 무엇일까?'라는 생각을 많이 했습니다.

그때 떠오른 직업이 공인중개사입니다. 빌라를 거쳐 18평 아파트, 24평 아파트, 34평 아파트로 옮겨가면서 소위 '갈아타기'를 하는 일은 제 처지가 조금씩 나아지고 있다는 징표였습니다. 그 순간마다 함께하는 공인중개사라는 직업이 굉장히 매력적이라는 생각을 하게 되었습니다. 자녀들의 등교시간을 활용해서 틈틈이 집에서 온라인으로 강의를 들으면서 노력한 끝에 2016년 27회 시험에 합격했습니다. 제가 사는 인천 연수구 옥련동에서 2017년부터 소속공인중개사로 중개 업무를 시작해서 2019년에 개업해 공인중개사 사무소를 운영 중입니다.

3. 부동산 중개 시장과 부동산 투자 시장을 바라보는 자신만의 시각을 말씀해주세요

중개 시장에 대한 전망

요즘 공인중개사를 제외한 직거래 앱이 많이 생기고, 언젠가는 이 직업이 사라진다고들 많이 이야기합니다. 하지만 공인중개사는 단순히 매물을 중개 거래하는 일을 넘어 사람을 대하는 직업입니다. 임대인·임차인들의 마음을 헤아리고, 그들에게 중요한 내용과 계약사항에 대한 주의점 등을 조언하는 일입니다. 그러므로 이 업무는 생각보다 오랫동안 살아남을 수 있는 직업이라고 생각합니다.

부동산 투자 시장에 대한 전망

지금은 금리도 높고 대내외적인 여건도 좋지 않아 최근 부동산 시장 분위기가 호황이라고는 볼 수 없습니다. 하지만 사람들의 부동산에 대한 소유욕은 사라지지 않을 거라고 봅니다. 최근 급매물들이 팔렸고 거래가 이루어지는 데다 금리가 하향 안정화되면 1~2년 안으로 시장이 회복되리라고 생각합니다.

4. 자신만의 영업 노하우와 마케팅 비법을 알려주세요

일을 하면서 오로지 한 가지만 생각했습니다. '저 손님이 나라면 어떨까?' 그래서 누가 보더라도 살기 좋은 집을 중개하려고 최대한 노력했습니다. 고지식하고 원리 원칙을 따지는 성격이다 보니 과연 이 일이 맞을까 고민도 많이 했습니다. 부동산 계약을 많이 하려면 적당히 약삭 빨라야 하고, 때로는 약간의 과장이 필요할 때도 있다는 이야기를 들었습니다. 그래서 제 성격과 맞지 않는 게 아닐까 하는 고민도 있었습니다.

하지만 현실은 생각과 달랐습니다. 실제 일을 하다 보니 주변에서는 저만의 '진솔함'과 '우직함'을 인정해줬으며, 저를 신뢰하는 모습을 보여줬습니다. 이 부분이 저만의 강점과 경쟁력이 되었다고 생각합니다.

처음 공인중개사 사무소를 오픈하고 나서는 동네 재건축이나 재개발을 진행하고 있는 단지에 관심을 기울였습니다. 옥련동에는 오랫동안 부동산 중개업을 하시는 분들이 대부분이라서 경쟁력을 갖추려면 상대적으로 다른 곳에서 덜 취급하는 물건을 공략해야 한다고 생각했기 때문입니다. 그래서 재건축·재개발에 대해서 열심히 공부했습니다. 재건축·재개발 물건에 관한 내용은 새로운 이슈가 발생할 때마다 그때그때 업로드하고, 언제든 고객에게 브리핑할 수 있도록 자료를 준비해두었습니다. 인근 재건축 조합 사무실에 자주 방문해서 조합장님과 면담을 하고, 모르는 부분을 물어보는 등 신뢰도 쌓아갔습니다. 그 덕분에 고객에게 개발 정보를 제공하고 중개도 많이 할 수 있었습니다. 공인중개사 사무소를 운영하려면 반드시 이런 부분까지 공부를 많이 하고 잘 알고 있어야 브리핑할 때 고객들에게 신뢰를 줄 수 있다고 생각합니다.

또한 중개 의뢰가 들어오는 물건이나 계약한 물건에 대해서 아파트, 빌라, 상가별로 월세·전세·매매 장부를 따로 만들어서 고객 관리를 하고 있습니다.

제2022-66호

MZ하우스 지정서

태평공인중개사사무소
대표 이 희 경

위 공인중개사사무소를 청년들의
주거안정에 기여하기 위해 인천광역시
연수구와 한국공인중개사협회 연수구지회가
협업하여 추진하는 「MZ하우스」 운영 업소로
지정합니다.

2022년 10월 31일

인천광역시 연수구청장 이 재 호

공인중개사 사무소는 거래뿐만 아니라 상담 때문에 찾는 경우도 많습니다. 그래서 세법 등 고객들이 헷갈릴 만한 개정 사항을 꾸준히 익혀두는 게 좋습니다. 당장 계약하지 않더라도 도움을 받은 고객은 추후 계속 거래를 하거나 소개를 해줄 수도 있습니다. 동네 사람들과의 관계를 관리하는 것의 연장선상에서 팩스 보내기나 복사 등 부동산과 관련이 없는 단순 업무도 동네분들이 부탁하러 오면 웃으면서 들어주는 것이 좋습니다. 이들은 처음에는 거래를 하러 공인중개사 사무소에 방문하지 않았더라도 추후에 방문할 때는 고객으로 방문할 수 있습니다. 혹은 거래할 계획인 지인을 데리고 올 수도 있습니다. 공인중개사 사무소 문을 열고 들어오는 모두에게 친절한 태도를 보이는 것, 이것이 충성고객을 확보하는 첫걸음입니다.

5. 향후 투자 및 중개에 관한 계획을 말씀해주세요

중개업을 하면서 공부도 하다 보니 투자도 자연스럽게 하게 되었습니다. 현재 트리플 역세권 인근 재건축 아파트도 가지고 있습니다. 일을 하다 보니 자연스럽게 투자 가치가 있는 부동산이 무엇인지 판단하는 안목이 생긴 것 같습니다.

앞으로 더 전문적인 중개사가 되고 싶은 욕심이 생겨서 인하대학원 부동산학과 석사 과정에 입학해서 현재 공부 중입니다. 적지 않은 나이라 공부가 쉽지는 않지만, 꾸준히 공부해 고객들에게 신뢰와 제대로 된 정보를 주는 늘 성장하는 공인중개사가 될 것입니다.

6. 부동산 중개사무소를 시작하는 분들에게 말씀해주세요

처음으로 공인중개사 자격증을 따고 취업을 할지, 바로 창업을 할지 결정하기 어려울 것입니다. 제 경험상 일단 취업해서 일을 배운 후 창업하는 것을 추천해드립니다. 공인중개사라는 직업이 단순하게 집만 보여주고 계약을 하는 것이 아니기 때문에 사람을 상대하는 것을 배우면서 계약 시, 잔금 시 주의점 등을 잘 습득 후 개업하는 것이 실수를 줄일 수 있습니다. 돈이 오고 가기 때문에 계약사고로 이어지지 않으려면 계약 시 특히 주의해야 합니다.

공인중개사 사무소에서 일을 하고자 하면 일할 곳은 어렵지 않게 찾을 수 있습니다. 일단 공인중개사협회 구인·구직난에 들어가서 적극적으로 알아보고, 본인이 취업할 공인중개사 사무소 근처가 오래된 단지인지, 신축단지인지, 원룸 위주인지, 주택 위주인지 상가나 토지, 공장 위주인지 어떤 것을 배울지 먼저 고민 후 알아봐야 합니다. 주택을 주로 하는 공인중개사 사무소는 대부분 여성을 선호하고, 상가를 주로 하는 공인중개사 사무소는 남성을 선호하는 추세이지만, 일을 열심히 할 의지만 있으면 어디든 어렵지 않게 취업할 수 있습니다.

7. 맨 처음 근무한 사무실을 택한 이유는 무엇인가요? 사무실을 구하는 예비 공인중개사들에게 조언해준다면, 어떤 사무실을 구하는 게 좋을까요?

우선 처음 일을 배울 때는 집 근처가 아니라도 많은 것을 배울 수 있는 공인중개사 사무소에 취업할 것을 권합니다. 특히 중개 대상물을 한정하지 않고 상가, 원룸, 빌라, 다가구주택, 아파트 등을 전부 취급하는 곳이면 좋습니다. 상가 위주, 원룸 위주 등 한 개 상품 위주로 거래하는 곳은 일을 한정적으로 배우게 되고, 기본급을 잘 주지 않는 경우가 많기 때문입니다. 처음부터 계약을 많이 하지 못할 확률이 크기 때문에 기본급을 받을 수 있는 곳이 그나마 낫습니다. 직원이 몇십 명씩 있는 중개법인도 각자 업무 분담이 되어 있어서 오히려 다양하게 업무를 배울 기회가 별로 없습니다.

실제로 제가 처음 근무한 공인중개사 사무소는 현재 거주하고 있는 집을 매수해주셨던 부동산 중개사무소 대표님을 찾아가서 일을 배우고 싶다고 해서 소개받은 곳이었습니다. 대표님 부부가 한자리에서 22년 이상을 운영하셨기 때문에 지역 내에서 인지도가 높았고 단골손님도 많았습니다. 또한 단순 네이버 광고 외에 '워크인(걸어 다니면서 방문하는)' 손님도 많았고 아파트, 빌라, 주택, 원룸, 상가 등 다양한 중개 대상물에 대한 경험이 있었습니다. 그만큼 고객도 많고 일도 많아서 힘들었지만 금방 많은 것을 배울 수 있었습니다. 실제 면접 보러 간 날, 바로 여자 대표님과 집도 보러 갔습니다. 대표님이 꼼꼼하고 일을 잘하시는 분이었던 덕에 잘 알려주셨고, 고객을 대하는 태도, 일 처리 등 많은 것을 배울 수 있었습니다.

두 번째로 개발 가능성이 크고, 호재가 많은 지역을 권합니다. 저의 경우 처음 자격증을 취득하고 연수구 옥련동에서 일을 시작했습니다. 매력이 너무 많은 동네이기 때문입니다. 옥련동에는 송도역이 향후 2~3년 안에 트리플 역세권(KTX, 경강선, 수인분당선)으로 바뀌고(이미 착공들어갔음), 초·중·고등학교가 있고, 학원, 병원, 시장 등 편의시설도 갖췄습니다.

8. 개업을 하게 된 계기는 무엇인가요?

직원으로 재미있게, 최선을 다해서 일을 하고 잠시 쉬려고 그만두었을 때, 몇 달이 지나서 근무했던 예전 대표님에게 연락이 왔습니다. 동네에 괜찮은 부동산 중개사무소 자리가 났는데 직접 인수해보지 않겠냐는 제안이었습니다. 공인중개사 사무소 위치가 송도역에서 가까워 마음에 들었습니다. 한자리에서 17년 이상을 있던 자리였고, 워크인 손님도 제법 많았습니다. 또한 향후 트리플 역세권이 완성되고 신축 아파트가 입주할 예정이어서 더더욱 괜찮은 자리라고 생각해 인수하기로 결정하게 되었습니다.

9. 자격증 취득 후 금방 그만두는 경우가 부지기수인데, 왜 그럴까요?

제가 생각하는 첫 번째 이유는 자격증을 취득하고 돈을 많이 벌 수 있다는 기대 때문이라고 생각합니다. 뉴스에는 '거래를 한 건 하면 수수료가 ○○만 원' 등이라고 보도가 됩니다. 마치 일을 조금하고 돈을 많이 벌 수 있다는 식으로 생각하기 쉽습니다. 하지만 절대 그렇지 않습니다. 거래가 성사되려면 중간에서 수많은 조율은 물론 사소한 것까지 공인중개사 사무소에서 다 챙기고 도움을 줘야 합니다. 물론, 쉽게 거래되는 경우도 있습니다. 하지만 그렇지 않은 경우가 다반사입니다. 집을 수십 번 보여줘도 거래가 안 되는 경우가 대부분이며, 수수료도 서울이나 비싼 경기도에 국한된 것이지, 그 외 지역은 생각보다 금액이 많지 않습니다. 취업해서 일을 하다 보면 일을 엄청 많이 하는 것에 비하면 급여도 많지 않기 때문에 그런 부분에서 실망하고 그만두는 경우가 많습니다.

두 번째로는 대인관계에 어려움을 느끼는 경우입니다. 수많은 손님을 상대하게 되는데, 사람에게 받게 되는 스트레스 관리가 안 되면 견디기 힘들 수 있습니다. 이 일은 계약서를 쓰고 잔금까지 고객과 유대관계를 쌓으면서 신뢰를 주고 진행하는 것이 제일 중요합니다. 대인관계가 원만하고 사회성 좋고 성격 좋은 사람들이 확실히 유리한 직업이라 최소한의 직장생활 이후에 중개 업무를 시작할 것을 권합니다.

마지막으로 공인중개사 사무소 대표와의 마찰도 문제가 될 수 있습니다. 저의 경우 운 좋게 좋은 대표님을 만났지만, 자신과 궁합이 잘 맞지 않는 대표를 만날 일도 있을 것입니다. 따라서 공인중개사 자격증을 따기 전에 먼저 중개보조원으로 일해보고 나와 맞는 일인지, 대표님과 마찰이 생겨도 견딜 수 있는지 등을 미리 체험해볼 것을 권합니다.

10. 초보 공인중개사가 개업을 계획하고 있다면, 어떤 조언을 해주고 싶나요?

자신이 사는 지역에 개업을 계획하고 있다면 맨 처음 일자리를 구할 때는 거처에서 구하지 말 것을 권합니다. 일을 어느 정도 배우고 나면 자격증 있는 분들은 따로 나가 오픈하는 경우가 많습니다.

하지만 대부분은 일했던 공인중개사 사무소 근처에 바로 차릴 수 있는 경우는 별로 없습니다. 기존에 근무하던 곳에서 나와서 인근에 개업하게 되면, 바로 이전 사수와 경쟁자가 되기 때문입니다. 지역마다 규칙이 다른데 2~3년간 인근에서 차리지 않는다는 내용을 정하고 있기도 합니다. 이른바 '상도덕'상 그러지 말자고 정해놓는 것입니다. 보통 개업하는 공인중개사 사무소가 집 근처이길 바라는 경우가 많으므로 맨 처음에는 집보다 좀 멀리 떨어진 곳을 구하는 게 낫습니다. 만약 취업을 하고 싶지만 사정이 있어 자격증 취득하자마자 바로 개업하는 경우, 다음의 사항에 주의해야 합니다.

우선 계약서 작성할 때 계약 외 챙겨야 할 내용을 숙지하고 있어야 합니다. 단순 계약서 작성 실무는 인터넷이나 유튜브 등을 통해 자세히 알 수 있고, 실무 교육도 받기 때문에 큰 문제가 되지 않습니다. 하지만 가계약금 입금 시 문구, 특약 부분이나 잔금 시 하자 부분 등 잘 챙겨야 하며, 미리 계약서를 작성해보면서 연습하면 충분히 할 수 있습니다.

진행하다가 잘 모르는 부분은 주위 부동산 중개사무소에서 도움을 받아야 하기 때문에 주변 공인중개사 사무소 직원, 대표들과 친분을 쌓는 것이 중요합니다. 해당 지역 중개업계 임원분들에게 전화하는 것도 방법입니다. 다들 친절히 알려주려고 합니다.

또 너무 오래된 아파트 단지에 초보자가 사무실을 차리는 것은 권하지 않습니다. 오래된 동네는 이미 자리 잡고 있는 중개사들이 친한 사람끼리 매물을 주고받는 경우가 많습니다. 이런 경우, 처음에는 외롭고 공동 중개를 하기가 쉽지 않습니다. 하지만 2년 정도 열심히 일하면서 친목 모임에도 참석하고 자주 만나게 되면, 주위에 친한 부동산 중개사무소도 생기게 되고 단골 손님도 늘어나면서 차차 일이 재미있어지게 됩니다.

그나마 기존에 오랫동안 운영하던 공인중개사 사무소에 권리금을 주고 들어가면 고객이 확보되어 있으니 사정이 낫습니다. 이때는 고객 장부를 꼭 확인하고 매출 여부도 적극적으로 물어봐야 합니다. 오래된 자리일수록 고객리스트, 매물장을 확보해야 권리금의 가치를 발휘할 수 있습니다. 기존 고객 리스트를 보고 물건 확인차 한 번씩 전화를 하면서 자연스럽게 홍보를 하면 좋습니다. 업무에 대한 커리어가 쌓여 평판이 좋다면, 소문도 나고 도와주려고 하는 사람들이 생기기도 합니다.

그래도 자신이 없다면 차라리 경력 있는 사람과 함께 입주 2년 차의 신축 아파트에 사무실을 차릴 것을 권합니다(원래는 동업을 권하지는 않습니다). 다만 입주하고 있는 입주장은 초보가 하기 어렵습니다. 분양권 거래는 (불법이지만) 아직도 다운 혹은 업 계약서를 써야 하는 경우가 많습니다. 이런 상황에서 살아남기가 쉽지만은 않습니다. 입주 2년이 지나면 분양권이 아닌 일반 주택으로 거래되고 전세 월세 거래도 가능합니다. 또 아직 2년 차 정도면 크게 카르텔이 생길 염려도 없습니다.

11. 부동산 중개업을 준비하는 분들에게 하고 싶은 이야기가 있나요?

부동산 중개업은 사람을 대하는 일이 주 업무이다 보니 힘들 때가 많습니다. 하지만 저로 인해 한 가족이 좋은 보금자리를 얻는다는 사실 때문에 보람된 경우가 훨씬 많습니다. 한번 거래했던 고객이 다음 이사를 하면서 연락이 오거나 너무 고맙다며 주변 사람들을 소개시켜줄 때마다 보람차고 이 일을 시작하기 너무 잘했다는 생각이 듭니다. '아무것도 하지 않으면 아무 일도 일어나지 않는다', 제 인생의 좌우명입니다. 누구에게나 공평하게 기회는 있고 인생에 최소한 그 기회가 5번은 온다고 합니다. 끊임없이 공부하고 노력하는 자가 성공한다는 것을 저는 믿어 의심치 않습니다. 부동산 중개업을 준비하는 분들이나 관심이 있는 분들은 꼭 한번 도전해보시기를 바랍니다.

제가 처음으로 공인중개사 사무소를 오픈하고 했던 실수입니다. 원룸 계약서를 작성할 때였습니다. 예비 임차인이 입주할 집 근처에 살고 있으니 임대인에게 잔금 치르기 전 이삿짐을 집에 갖다두어도 되냐고 물었고, 임대인이 허락했습니다. 그런데 임차인이 잔금일에 잔금을 치르지 않았습니다. 임대인은 결국 계약 해제를 통보했고, 임대인과 함께 짐을 모두 빼서 공인중개사 사무소에 갖다놓은 적이 있습니다. 그런데 사실 임차인 허락 없이 짐을 빼는 게 법적으로 허가되지 않는 행위입니다. 임차인과 연락이 되어서 큰 문제는 없었지만, 잔금 전 짐을 넣는 것은 절대 하지 말 것을 권합니다. 간혹 공실일 때 잔금 전 인테리어를 미리 할 경우에도 특약을 꼭 기재해야 합니다.

계약서 작성 시 주의할 사항

- 가계약금 입금 시, 계약금, 중도금, 잔금 때마다 꼭 등기부등본을 확인해야 합니다(잘 아는 집이라고 확인 안 하고 입금하면 중개사가 책임져야 합니다. 잔금 때도 법무사가 등기부를 확인할 거라고 확신하지 말고 직접 확인해야 합니다. 은행이나 법무사가 간혹 안 하는 경우가 있습니다).
- 가계약금을 입금할 때 며칠까지 계약서를 작성하겠다는 날짜도 명시해야 합니다. 간혹 가계약금을 넣고 오랫동안 차일피일 미루는 경우가 있기 때문입니다.
- 매도인이 공동명의로 되어 있고 한 사람만 위임장, 인감증명서를 가지고 오게 되는 경우, 안 온 사람과 통화해서 꼭 확인해야 합니다. 부부 공동명의라도 간혹 이혼하려고 준비 중인데 모르는 경우가 있습니다.

(1) 전세계약 시

- 임차인이 계약금을 넣고 대출이 안 나올 시 계약금 반환 조건을 넣을 경우, 언제까지라고 날짜를 꼭 명시해야 합니다. 잔금일 다음 날까지 임대인은 근저당을 포함한 일체의 설정을 하지 않기로 합니다. 이를 위반했을 시 본 계약은 무효로 하기로 하고, 손해배상금으로 계약금의 배액을 상환하기로 합니다[이 부분은 1순위를 유지하려면 임차인이 잔금을 지급하고, 대항력(주택의 인도와 전입신고), 우선변제권(대항력과 확정일자)을 갖춰야 하는데 효력 발생 시기는, 전입 신고한 날이 아닌, 다음 날 0시에 효력이 발생하게 됩니다].

– 잔금 전까지 수리해주는 경우, 특약에 목록을 상세히 적어야 합니다.

– 기존 임차인과 이사 날짜를 합의해서 진행하는 경우에 계약서 작성 시 기존 임차인이 입회해 이사확인서를 받아놓는 게 좋습니다.

〈매매 전세 동시 진행할 경우〉

이러한 경우에는 전세 잔금일과 매매 잔금일이 같습니다. 전세계약을 할 때는 현재 매도인이 임대인이기 때문에 매도인을 잘 설득해서 매도인과 써야 안전합니다(은행에서 매수인과 쓰라고 하는 경우도 간혹 있습니다). 매도인과 전세계약을 하고 잔금일에 매수인이 승계하는 조건으로 하면 됩니다.

〈집에 근저당이 있을 경우〉

잔금일에 임대인은 근저당 전액을 상환, 말소하기로 해야 합니다(대출금을 미리 은행에서 확인 후 잔금일에 상환계좌로 입금을 하면 괜찮지만, 간혹 임대인이 직접 은행에 가서 상환하겠다고 하면 공인중개사가 같이 가서 말소 접수까지 확인해야 합니다).

(2) 매매계약 시

계약 시 붙박이장, 전기레인지, 식기세척기, 인터폰 등 미리 협의해야 합니다(잔금일에 매도인이 떼어 가는 경우 있음). 누수 등 중대한 하자 이외 경미한 하자(싱크대, 욕실 소모품 등)는 매수인이 인수합니다(매수인이 고장 난 것을 전부 고쳐달라고 하는 경우가 있습니다).

〈공실일 때 잔금 전 미리 집을 인테리어하게 되는 경우〉

잔금 전 매도인은 매수인이 인테리어하는 것에 동의하며, 수리하는 날부터 관리비는 매수인이 부담하기로 합니다. 만약 이 계약이 해제될 시 따로 협의가 되지 않으면, 매도인의 사정일 경우 해약금(위약금)과 별도로 인테리어 비용을 매도인이 부담하고, 매수인의 사정일 경우 매수인은 인테리어에 들어간 일체의 비용을 매도인에게 요구할 수 없습니다(인테리어하는 경우는 보통 중도금 입금 후 하게 되기 때문에 계약 해제는 양 당사자가 합의해야만 가능함).

PART 15

역전의 여왕, 블로그와 유튜브로 입지를 뛰어넘다

정서연

공인중개사, 펀드투자상담사, 증권투자상담사, AFPK(재무설계사)
현) 채움공인중개사 사무소(경상북도 포항시 북구)
현) 웅진헬스원 포항1센터장

전) 영어전문학원 강사
전) 웅진다책 팀장
전) 보험회사 FP
전) 삼성증권 투자권유대행인
전) 어린이 중고서점 다채움 대표

위덕대학교 영어영문학과 졸업
네오비 중개 실무 87기 마스터 과정 수료

블로그 : 포항채움부동산
유튜브 : 포항채움부동산TV
네이버스마트스토어 : 헬스원라이프
이메일 : matealda@naver.com
카카오톡 : jsy9321

1. 공인중개사 자격증에 도전하게 된 이유와 계기는 무엇인가요?

2002년 한일 월드컵 전인 2001년 20대 초반인 어느 날이었습니다. 어둠이 깔린 회사 퇴근길에 갑자기 문득, IT의 발달로 세상은 급속도로 변하고 있는데 저만 제자리걸음이라는 생각이 들었습니다. '어떻게 하면 이 급속도로 변하고 있는 세상을 헤쳐나갈 수 있을까'라는 생각을 하다가 학창시절 만화책조차도 읽지 않았던 저는 독서를 떠올리게 되었습니다. 나중에 가족이 생긴다면 저의 지혜로 가족을 위기에서 지킬 수 있을 거라는 막연한 생각을 하게 되었습니다. 서점에 가서 베스트셀러인《부자 아빠 가난한 아빠》를 읽게 되었습니다. 이후 경영, 경제, 재테크, 자기계발 분야의 책을 많이 읽었고, 읽다 보니 사업에 눈을 뜨게 되었습니다.

사업을 눈을 뜨게 된 저는 열심히 일해도 똑같은 월급이 나오는 직장생활을 그만두고 20대 후반에 사업을 시작했습니다. 사업은 생각했던 것보다 훨씬 잘되었지만, 개인적인 사정으로 그만두게 되었습니다. 이때 배웠던 마케팅이 지금의 중개사무소를 운영하는 데 큰 도움이 되었습니다. 사업을 그만둔 저는 그 후 책을 좋아해서 '웅진다책'에서 팀장으로 일했습니다. 이때도 일은 잘되었지만, 너무 바쁘게 돌아다닌 나머지, 교통사고가 났습니다. 이때 저를 담당했던 FP의 권유로 웅진다책 팀장을 내려놓고 경영경제에 관심이 많았던 저는 보험회사 FP를 하게 되었습니다. 당시 보험과 관련한 경험이 없었기 때문에 자격증으로 스펙을 보완해야겠다는 생각에 생명보험설계사, 손해보험설계사, 변액보험설계사, 펀드투자 상담사, 증권투자 상담사, AFPK라는 개인 재무설계사 자격증까지 취득하게 되었습니다. 재무설계 파트에는 위험관리, 투자설계, 부동산설계, 은퇴설계, 세금설계, 상속설계 등 여러 파트가 있습니다. 투자설계까지는 관련된 자격증을 보유하고 있었기에 그다음 단계로 공인중개사 자격증도 공부해보고 싶었습니다. 마침 당시 중개보조원으로 부동산을 먼저 시작했던 남편은 중개보조원 일을 그만두고 집에서 공인중개사 공부를 시작했습니다. 고정수입이 필요했던 저는 잠시 FP일을 보류하고 어린이중고서점에서 실장으로 일하다가 독립해서 어린이중고서점을 오픈하게 되었습니다. 저는 남편이 떨어지면 저라도 합격해야 되겠다 싶어 중고서점에서 일하면서 공인중개사 시험에 3번 도전해서 마침내 2016년, 27회 공인중개사에 남편보다 먼저 합격하게 되었습니다.

합격 사실을 알고 나서 처음에는 바로 중개업을 할 생각이 없었습니다. 중고서점 매출도 상승세를 타고 있었고 재무설계를 위한 일종의 스펙 정도로 생각했기 때문입니다. 그런데 남편과 서점에서 일하면서 의견이 충돌해 남편과 따로 일을 해야겠다고 생각했습니다. 그래서 실무교육을 수료하기 전에 소속공인중개사로 일하기 위해 제가 살고 있던 동네 공인중개사 사무소에 면접을 보러 갔습니다. 원룸과 상가 전문 공인중개사 사무소였습니다. 대표가 따로 있었고 소장이 있었는데 공인중개사 사무소 측에서는 세금 때문에 대표 소장이 1명 더 필요해서 모집하는 것 같았습니다. 면접을 보고 같이 일해보기로 했는데, 집에 돌아오는 길에 어쩐지 기분이 찝찝했습니다. 제 자격증을 대여해 사무실을 운영하려고 하는 것 같아서 불안하기도 했고 애써 키워놓은 서점을 남편에게만 맡기려니 마음 한쪽이 허전했습니다. 그러던 찰나 갑자기 지인으로부터 연락이 왔습니다. 별일이 없냐는 안부 인사였습니다. 그때 그 안부 인사 덕에 저는 어쩌면 위기에서 벗어났는지도 모릅니다. 저는 지인에게 면접 보러 다녀온 이야기를 해주면서 "동업을 해야 할지 말아야 할지 고민 중"이라고 했습니다. 지인은 "동업은 하는 게 아니다"라며 극구 말렸습니다.

때마침 남편과의 관계도 개선되면서 다른 공인중개사 사무소에서 일하는 것을 포기하고, 중고서점 안에서 부동산 중개 업무를 시작하게 됩니다. 죽이 되든 밥이 되든 그냥 중고서점 안에 계약서 쓸 자리만 만들어놓고 시작해야겠다고 마음먹었습니다.

중개업을 하기 위해서는 실무 교육을 수료해야 합니다. 11월 말에 합격 발표가 되고 나면 12월 과정과 1월 과정을 신청할 수 있는데, 중개업을 해야겠다는 결정이 늦어 실무 교육을 늦게 신청하는 바람에 저는 1월 과정을 수료하게 되었습니다. 협회에서 해주는 실무 교육을 받기는 했지만 실무에 크게 도움이 되지는 않았습니다. 그냥 강사들 스펙 자랑하러 나오는 정도였던 것 같다는 느낌을 받았습니다(혹시 실무 교육에 대한 큰 기대감이 있다면 참고하세요). 수업보다는 오히려 동기들과의 대화가 실무에 도움이 되었던 것 같습니다.

동기부여 측면에서도 좋았습니다. 실무 교육 기간 중에 동기들에게 제가 중고서점 안에서 공인중개사 사무소를 오픈해야겠다는 뜻을 비친 적이 있습니다. 그랬더니 어떤 동기가 버젓이 차려도 잘될까 말까 한데 중고서점 안에 오픈을 해서 누가 계약하겠냐는 말을 했습니다. 그 말을 들고 난 직후 저는 위축되었습니다. 하지만 나중에는 오히려 오기가 생겼고, 자존심이 발동되었습니다. '보란 듯이 더 성공하고 싶다'라는 열망이 강해졌습니다. 저는 제가 있는 지역 부동산들(물건들)을 제 먹이로 만들어야겠다고 생각했습니다. 제가 운영하는 사무실이 한 철 장사하다가 없어지는 메뚜기같이 보이고 싶지 않았습니다. 그렇게 마음을 먹고 나니 더 이상 두려운 것이 없었습니다. 저는 담대하게 중개업을 운영해나갔습니다.

1월 실무 교육을 마치자마자 2월 1일에 개업을 했습니다. 상호는 '채움공인중개사'로 정했습니다. '고객님들의 자산에 안정성, 수익성을 채워드리고 싶다'라는 의미를 담아 그렇게 지었습니다. CI도 만들었습니다. 수익을 뜻하는 노란색, 평화를 뜻하는 흰색, 안정을 뜻하는 초록색도 들어가 있습니다. 수익성과 안정성을 모두 채워 고객님의 삶을 활짝 펴드리겠다는 의미를 담은 것입니다. 이 CI가 저희 공인중개사 사무소를 브랜드로 인식하는 데 한몫을 한 것 같습니다. 중고서점 안에서 오픈해야겠다고 생각하고 간판 제작을 의뢰했는데, 1~2월에 창업하는 곳이 많아 CI가 늦게 제작되었습니다.

그래서 개업일보다 보름 정도 늦게 간판을 부착한 것 같습니다. 시트지만 붙여진 상태였습니다. CI 제작이 완성되고 간판을 설치 작업을 하는 도중에 토지부터 계약이 되었습니다. 간판을 설치한 후, 공인중개사 사무소에 들러주시는 분들이 생각보다 많이 계셨습니다.

▲ 포항 북구 흥해읍 초곡지구 신도시로 옮긴 후 사무실 초기 모습

저는 원래 부동산 중개업을 부업으로 할 생각으로 중고서점 안에서 시작했습니다. 중고서적은 수거해오려면 일단 매입비도 필요했고, 팔리지 않으면 재고로 남아 돈이 묶일 수도 있는 상황이었습니다. 직접 방문해서 수거한 책들은 먼지를 털어내고 깨끗이 닦고 검수해서 사진 찍어서 인터넷에 올리는 과정이 필요했습니다. 주문이 들어오면 택배로 배송했습니다. 그런데 매년 새로 나오는 책의 물량이 늘어나는 만큼 중고서적 가격은 계속 내려갔고, 중고서적 마진율도 함께 떨어졌습니다. 당시 갖고 있던 중고책을 온라인 중고서점 플랫폼인 '개똥이네'와 '알라딘 중고서점'에 책들을 등록하면서 갑자기 그런 생각이 들었습니다. '팔려는 중고책을 인터넷에 올리듯 부동산 매물도 인터넷에 올리면 어떨까?' 부동산은 거래금액이 크기 때문에 100억 원어치의 매물도 올릴 수 있겠다는 생각이 들었고 중개업으로 빨리 전환하는 계기가 되었습니다.

2. 보험 업계에서 배웠던 업무가 현재 어떻게 도움이 되고 있나요?

저는 보험 회사에 다니면서 고객들에게 필요한 보험 상품을 추천해 주었습니다. 고객들의 상황과 자산을 분석해 위험 관리는 어떻게 할지, 부동산 자산을 어떻게 운용할지, 세금 등은 어떻게 할지 등도 상담해주었습니다.

중개 업무를 할 때도 보험업을 할 때 재무설계를 해줬던 경험을 바탕으로 고객들에게 상담을 해드렸습니다. 당시 고객들을 응대하면서 늘었던 질문 스킬이 현재 업무에도 크게 도움이 되고 있습니다. 질문을 통해 고객의 니즈를 제대로 파악해 적절한 상품을 찾아줄 수 있게 된 것입니다. 예를 들어, 토지를 거래한다고 할 때 고객이 해당 토지를 매입하려고 하는 목적은 무엇인지(건물을 지을 것인지), 자부담은 얼마인지, 실거주를 한다면 어떤 집을 살 것인지, 토지 투자 예상 수익률 등 고객의 전 생애에 걸쳐 부동산을 통해 어떻게 자산을 증식할 수 있을지, 고객별로 적절한 투자 상품이 무엇인지 등을 전반적으로 상담합니다. 이런 재무설계를 바탕으로 한 상담은 특히 수익형 부동산을 거래할 때 더욱 빛을 발하는 것 같습니다.

3. 부동산 중개 시장과 부동산 투자 시장을 바라보는 자신만의 시각을 말씀해주세요

부동산 중개 시장에 대한 생각

사람들은 부동산 중개업이 사양 산업이라고 말합니다. 중개 거래 온라인 플랫폼이 등장하고 있고, 원룸 같은 경우 직거래 되는 경우도 많기 때문입니다. 하지만 규모가 큰 물건일수록 신뢰가 중요하기 때문에 실력 있는 중개사의 오프라인 상거래가 계속되고, 중개 시장도 계속 생존하리라 생각합니다.

중개사는 여러 가지 방법으로 수익을 다각화할 수 있다는 장점이 있습니다. 우선 본업인 부동산을 중개하면서 일차적으로 사업소득을 얻을 수 있습니다. 주택의 전월세 같은 임대차계약은 물건 관리와 임대인 관리를 잘해두면 1~2년마다 돌아오기 때문에 2년마다 재계약을 한다면, 안정된 연금 같은 소득을 얻을 수 있습니다. 소속공인중개사 등 직원을 두었을 때는 계약을 할 수 있게 지도관리를 해주고 정산을 받기 때문에 로열티 같은 수입도 가능합니다. 또한 부동산은 인플레이션으로 인해 매년 물가가 상승하기 때문에 부동산 가격 상승에 따른 중개보수도 함께 올라갑니다. 인플레이션으로 인한 중개보수 상승이 보장되어 있습니다.

중개업을 시작하기 전에는 부동산 공인중개사 사무소가 너무 많아서 '저 많은 사무실들이 잘 운영될까?'라며 부동산 중개사무소를 지나갈 때마다 늘 생각하곤 했습니다. 하지만 막상 중개업을 시작해보니 공인중개사 사무소 숫자 이상으로 매물 숫자가 어마어마했습니다. 부동산 종류도 토지, 상가, 아파트, 주택 등 다양했습니다. 처음에는 포항의 북구, 남구 가릴 것 없이 하다가 서서히 저만의 지역과 물건으로 좁혀나갔습니다.

부동산 중개업은 비용도 크게 들지 않는 사업입니다. 운영할 때 드는 광고비를 제외하고는 거의 없습니다. 재고도 쌓일 일이 없고 별 재료비도 없습니다. 다만 끊임없이 공부해야 하며 좋은 매물을 올리기 위해 부지런히 발품, 손품을 팔아야 하고 끊임없이 자기관리를 해야 하는 직업입니다.

부동산 투자 시장에 대한 생각

부동산 투자에 따른 이익은 시세차익과 현금흐름(임대 수익)으로 나눠볼 수 있습니다. 젊은 층은 시세차익을 노려볼 만하고 50대 이상은 꾸준한 현금흐름이 발생할 수 있는 수익형 부동산이 좋을 것 같습니다. 다만 사람들은 누구나 안정적인 삶을 살고 싶어 하는 기본욕구가 있기 때문에 꾸준한 현금흐름이 발생할 수 있는 수익형 부동산이 향후 좀 더 각광받을 거라고 생각합니다. 시세차익은 매수·매도 시기를 잘못 정하면 오히려 손실이 발생할 수도 있기 때문입니다.

수익형 부동산을 투자한다면 계속 인구가 유입되고 임대수요가 꾸준히 받쳐주는 지역에 있는 물건을 추천합니다. 이러한 수익형 부동산은 안정적인 월세수익과 시세차익까지도 노려볼 만합니다. 수익형 부동산 중에서도 아파트 구분상가를 여러 개 구입하면, 매도할 때 구분해서 매도할 수도 있어 처분 시 유리하다는 생각이 듭니다(이는 필자의 개인 의견이며 투자에 대한 모든 책임은 개인에게 있습니다).

다만 반드시 임차수요가 받쳐주는 곳에 있는 매물을 선택하는 것이 중요합니다. 상가는 자칫하면 공실이 발생할 수 있고, 원룸이나 상가주택 같은 주택은 수요가 꾸준히 안정적으로 받쳐주기는 하지만, 임차인이 자주 바뀌어 관리하는 데 번거로울 수 있습니다. 토지 같은 경우는 최소 2년에서 5년 장기로 투자해야 시세차익이 가능합니다. 따라서 본인의 상황에 맞는 매물을 선택하는 것도 중요합니다.

4. 상대적으로 저렴한 매물 거래를 여러 번 하는 전략과 비싼 매물을 하나 거래하는 전략 중 어떤 전략을 취하고 있나요?

각각의 장단점이 뚜렷해 개인적으로는 믹스(Mix) 전략이 낫다고 생각합니다. 실제로 토지, 상가, 아파트 등 골고루 포지션을 취하고 있습니다. 시장 상황에 따라 매물 포지션을 달리합니다. 다만 취급하는 지역은 정해져 있습니다. 토지나 건물 등 고가의 상품은 매매가격이 비싼만큼 중개보수도 큽니다. 하지만 그만큼의 위험부담이나 매도 후 관리부분에서 신경 쓸 것이 많습니다. 예를 들어, 상가주택(건물)은 거래 이후에 건물에서 발생하는 각종 하자 처리에 관해서도 중개사가 신경을 써야 합니다. 또 비싼 거래가액의 부동산은 재구매가 지속해서 발생하기 어렵습니다.

반면 상대적으로 저렴한 상품인 아파트는 하자의 경우 아파트 관리사무소나 시공사 측에서 책임을 지기 때문에 중개사가 크게 신경써야 할 부분이 없습니다. 특히 아파트는 입주장의 경우 매매 거래뿐만 아니라 전월세 거래가 동시다발적으로 이뤄져 거래량이 많기 때문에 좀 더 많은 수익을 얻을 수 있습니다. 아파트 같은 경우는 의식주의 하나로 고가 상품에 비해 상대적으로 거래가 많이 일어나는 상품입니다. 그래서 한번 매수했던 사람들과 관계를 잘 맺어두면 이들이 다시 매도를 의뢰하거나 전월세 같은 임대차 의뢰도 들어옵니다. 토지를 매입하신 고객분들도 다시 매도하거나 건물을 지어서 임대를 의뢰합니다. 이렇게 지속적인 거래가 이뤄져 수익도 지속해서 발생합니다.

거래를 많이 하기 위해서는 신규 분양 아파트나 신규 입주가 이뤄지는 신도시에서 중개업을 하는 것이 유리합니다. 요즘은 부동산을 거래하기 위해 손님들도 손품을 먼저 팔아 알아보고, 전화로 먼저 문의 오는 경우가 많기 때문에 네이버 부동산이나 지역 거래 정보망, 블로그를 잘 활용하면 계약하는 데 좀 더 유리합니다. 상가 임대는 현수막이나 지역신문 또는 블로그를 잘 활용하면 좋습니다.

5. 주력하는 상품이 있다면?

현재 경북 포항시 북구 흥해지역에 있는 신도시 아파트, 토지, 상가, 분양권 중심으로 거래를 하고 있습니다. 분양권은 매물을 보여주지 않고도 계약을 할 수 있어 일반 부동산 거래에 비해 시간이 많이 들지 않아 빠르게 계약을 진행할 수 있는 장점이 있습니다. 또한 신도시는 토지 공급이 신규로 이뤄지고 상권도 새로 들어서기 때문에 토지, 상가, 아파트의 계약이 활발하게 이뤄지는 것이 특징입니다. 그래서 신도시에 가면 매출을 크게 높일 수 있다.

다만 신도시에서는 공인중개사들끼리 경쟁이 치열하기 때문에 마케팅을 잘하는 것이 중요합니다. 네이버 부동산, 지역 거래 정보망, 유튜브, 현수막 등 다양한 수단이 있지만 다양한 시도를 해보니 저의 경우, 블로그가 가장 효율적인 수단이라고 생각합니다. 블로그와 유튜브를 함께 운영하면 그 효과는 배가 됩니다. 고객들에게 좋은 신뢰를 쌓을 수 있고, 이것은 곧 계약으로 직결됩니다. 블로그와 유튜브는 중개사무소의 입지를 뛰어넘는 장점이 있습니다.

6. 자신만의 영업 노하우와 마케팅 비법을 알려주세요

다른 업종도 마찬가지겠지만 부동산 중개업은 특히 신뢰가 가장 중요한 업종입니다. 신뢰를 쌓기 위해 다양한 마케팅 수단을 동원해 많이 노출시키는 것이 중요합니다. 일단 지역 선정을 하고 물건 선정을 합니다. 물건별로 마케팅 전략이 약간씩 다르긴 하지만, 블로그와 유튜브가 신뢰 쌓기에는 가장 좋은 마케팅 수단인 것 같습니다. 유튜브를 제작하거나 블로그를 파워링크에 걸어두면 매도·매수 문의가 많이 옵니다. 블로그나 유튜브를 통해 어느 정도 신뢰를 가지고 문의를 하기 때문에 잘 응대하면 계약 성사 확률이 높아집니다. 고객분들과 상담할 때 많이 듣고 공감하며 질문을 많이 하는 편입니다. 그래서 고객의 니즈를 파악한 후 겸손한 자세로 적절한 매물을 추천해줍니다. 이렇게 하다 보니 계약 성공률이 꽤 높은 편입니다.

시간 관리도 중요합니다. 저는 사무실에 출근해 일하는 시간을 전부 허투루 쓰지 않으려고 합니다. 하루 일과를 이야기해보자면 우선 출근 후 매물 목록을 업데이트하는 것으로 하루를 시작합니다. 접수했던 매물이 팔렸는지, 안 팔렸는지 확인해보고 고객들로부터 걸려오는 상담 전화를 받고 계약서를 쓰는 등의 업무를 합니다. 손님이 없을 때는 매물 정리를 하거나 신규 매물을 지역 정보망이나 네이버 부동산에 등록하고 새로운 물건을 소개하기 위해 블로그를 작성하거나 유튜브 등을 제작하기도 하는데, 쉴 새 없이 일에 몰입합니다.

마케팅을 하는 데는 독서가 많이 도움이 된 것 같습니다. 블로그가 필요하면 블로그에 관련된 책들을 여러 권 사서 따라 해보고, 유튜브가 필요하면 유튜브에 관련된 책을 또 한 20권 정도 사서 읽어봤는데 책 본다고 밤을 지새운 적도 있습니다. 종합적인 마케팅 책을 사서 보기고 하고, 체계적인 마케팅을 배우기 위해 공인중개사 실무 교육도 들었습니다. 작년에는 조직 분양하는 대행사에 가서 직접 경험해보기도 했습니다. 경제 신문지의 분양 광고란 카피를 유심히 보고, 거기서 강조하는 부분이나 신규 용어를 익히기도 합니다. 요즘은 세법에 관련된 조세 신문과 유명 세무사의 카페 글을 구독해서 보고 있습니다. 다양한 단톡방과 카페에 가입해서 부동산 이슈 등을 체크하기도 합니다. 이러한 것들이 블로그와 유튜브에 많은 도움이 됩니다.

사무실의 입지가 좋지는 않지만 입지를 뛰어넘는 블로그와 유튜브의 영향으로 거래량이 많은 편입니다. 유튜브와 블로그 둘 중 하나만 하라고 한다면 블로그를 추천합니다. 실제 거래 의사가 있는 유효 수요는 주로 블로그를 이용하는 비중이 크기 때문입니다. 실제로 유튜브는 조회수가 8,000회까지 갔지만 거래가 안 된 매물도 있었습니다.

블로그가 효율적인 또 다른 이유는 브랜딩하기에 좋은 홍보 수단이라는 데 있습니다. 블로그는 글과 영상이 쌓이게 되면 홍보 효과를 가질 뿐 아니라 공인중개사 사무소에 대한 이미지가 생기게 되면서 그것이 곧 브랜딩이 됩니다. 한번 브랜딩이 된 사무실에 고객들은 더욱 신뢰를 하게 되며 신뢰는 곧 계약과 연결됩니다.

그렇다면 블로그에 어떤 내용을 써야 할까요? 잘 찍은 사진, 영상도 물론 중요합니다. 하지만 가장 중요한 것은 '현장감'과 '스토리'입니다. 노래도 말하듯이 하는 것이 중요하다고 하는 것처럼요. 예를 들어, 이미 아파트에 사는 모습을 상상해서 그 아파트에서 어떤 시설을 누리고 어떤 자연환경을 경험하는지 등을 상상하는 내용의 글을 썼던 적이 있습니다. 그 글을 보고 매도·매수 문의가 쇄도했고 계약 성사율도 높았습니다. 팩트만 작성하게 되면 누구나 작성할 수 있어서 별다른 차별성이 없고 자칫 글이 딱딱해질 수 있습니다.

유튜브는 처음에는 매물 위주로 촬영했기 때문에 거래가 되면 삭제해야 되었습니다. 유튜브 한 편 만드는 데 많은 시간과 에너지가 필요한데 삭제를 해야 한다니 너무 억울했습니다. 지금은 청약 정보나 아파

트 사전 점검 현장 등 정보성 위주로 유튜브를 제작하고 있습니다. 정보성 위주의 유튜브는 삭제하지 않아도 되기 때문입니다. 예를 들어, 1,800세대의 아파트 분양 정보 영상 한 편으로 1,800세대를 동시에 홍보하는 효과가 있으며, 택지도 22필지 분양한다고 하면 한 편의 영상으로 22필지를 동시에 팔 수 있는 효과가 있고 삭제할 필요도 없습니다. 이런 정보성 위주의 콘텐츠들을 지속해서 발행하면 고객들의 신뢰가 쌓입니다. 그렇게 쌓인 신뢰 덕에 수분양자들은 자신의 물건을 잘 팔아줄 것 같다는 생각을 하는 것 같습니다. 공인중개사 사무소 홍보효과는 더욱 커져 더 많은 고객들이 제 공인중개사 사무소를 찾는 선순환 구조를 만들 수 있었습니다. 매물도 많이 접수되었고 물건이 많으니 다른 공인중개사 사무소에서 공동중개 의뢰도 많은 편입니다.

현재 제가 운영하는 '채움부동산 공인중개사 사무소'는 포항 현지 부동산 사이에서 하나의 브랜드로 인식되어 있습니다. 합동 공인중개사 사무소를 운영하자는 제의도 많아졌습니다. 추후에 채움공인중개사 사무소를 매각하면, 일종의 권리금도 받을 수 있을 것으로 예상됩니다.

7. 블로그에 좋은 콘텐츠를 올릴 수 있는 비결이 있나요?

블로그든, 유튜브든 모든 마케팅을 잘하기 위해서는 기획력이 필요합니다. 사람들이 어떤 생각을 하는지, 경기 흐름이 어떤지, 정책은 어떻게 바뀌고 있는지, 지역 호재가 무엇이 있는지, 늘 경제신문, 지역신문 등을 봐야 하고 토지, 상가, 아파트 투자와 관련된 다양한 책들도 봐야 합니다. 인풋이 많아야 아웃풋이 많아집니다. 블로그에 글을 잘 쓰기 위해서, 유튜브 기획을 잘하기 위해서 기획력이 필요하고, 결국 독서가 뒷받침되어야 합니다.

독서를 하려면 시간 관리도 잘해야 합니다. 체력도 좋아야 합니다. 그래서 운동과 영양제도 필요합니다. 컨디션에 따라 계약의 성패가 좌우되기 때문에 늘 최상의 컨디션을 유지하는 게 중요합니다. 적절히 휴식하고 여행 등을 하면서 머리를 식히는 것도 중요합니다.

8. 향후 투자 및 중개에 관한 계획을 말씀해주세요

향후 토지, 상가, 아파트 등에 골고루 분산 투자를 할 계획입니다. 다만 주로 현금흐름이 있는 수익형 부동산을 사 모을 예정입니다.

현재 남편과 한 사무소에서 상호를 달리 해서 함께 운영하고 있는데,

1~2년 후에는 남편과 분리해서 신도시에 중개사무소 한 곳을 더 오픈할 예정입니다.

부록 | 매물별 홍보 효과가 좋은 채널

다음은 매물별 홍보 효과가 좋은 채널을 분류해본 것입니다. 혹시 홍보할 계획이 있다면 홍보 효과가 큰 채널에 집중해 홍보하시기를 권합니다.

- 신규 분양 아파트 : 유튜브, 블로그, 네이버 부동산, 지역 정보망
- 신규 택지 분양 : 유튜브, 블로그
- 신규 상가 분양 : 유튜브, 블로그
- 상가 주택 : 유튜브, 블로그, 네이버 부동산, 지역 정보망, 지역 신문, 현수막
- 기존 아파트 : 네이버 부동산, 지역 거래 정보망
- 기존 토지 : 네이버 블로그, 지역 정보망, 지역 신문, 네이버 부동산
- 기존 상가 : 현장 현수막, 지역 정보망, 블로그, 지역 신문

PART 16

역이민 후 선택한 직업 공인중개사,
후회 없기 위해 오늘도 나는 도전한다

정지윤

공인중개사

현) 생각공장미소공인중개사 사무소(서울특별시 영등포구)

전) 분양 대행사 ㈜JCS컨설팅 대표
전) 아이에스공인중개사 사무소(서울특별시 금천구 가산동)
전) 미국 뉴욕 S&J 뷰티 살롱 운영
전) ㈜애경 AK면세점 기획팀

애리조나 대학교 경제학과 졸업

블로그 : blog.naver.com/kooolux
카카오톡 : nyangel828
이메일 : kooolux@naver.com

1. 간단하게 자기소개를 부탁드립니다

　현재 영등포구에 있는 당산생각공장(지식산업센터)에서 미소공인중개사 사무소를 운영하고 있는 정지윤이라고 합니다. 2016년 27회 공인중개사 자격증을 취득했고, 주택(아파트, 빌라 등) 중개에 잠깐 몸담았다가, 지식산업센터 분야로 옮겨 서울·경기 서남권 지역의 지식산업센터 분양, 분양 대행, 중개업을 한 지 5년 차에 접어들었습니다.

▲ 당산 생각공장 건물 전경, 서울시 건축상을 수상한 영등포 랜드마크 지식산업센터

2. 부동산에 관심을 갖게 된 이유 및 계기와 공인중개사 자격증에 도전하게 된 이유와 계기는 무엇인가요?

　20대부터 부동산에 관심이 많아 틈나는 대로 책을 읽고 공부해왔습니다. 대학에서 전공이 경제학이라서 경제학 관련 도서를 많이 봤고 투자론, 금융론, 부동산학, 마케팅 공부도 꾸준히 해왔습니다. 30대 초반, 미국에서 일할 때까지만 해도 부동산 투자를 해본 적은 없었지만, 언젠가 한국에 들어가면 투자라는 것을 해봐야겠다고 막연하게 생각했습니다. 그래서 경매나 토지 관련 한국 서적들을 주문해서 읽었습니다. 그런데 실제 임장을 하거나 투자로 이어지는 공부가 아니라 큰 재미를 느끼지는 못했습니다.

그러던 중, 미국에서 사업을 하던 2016년에 많이 아프게 되었습니다. 과로로 인해 스트레스를 받고, 우울증에 향수병도 갖게 되었습니다. 이러다 죽겠다 싶어 제 일을 대신 돌봐줄 대체 인력을 만들어놓은 후 한국으로 돌아왔습니다. 이때부터 쉬기 시작했지만 쉬는 것이 익숙지 않았던 터라 아픈 와중에 공인중개사 공부를 시작했습니다. 이때가 인생의 중요 터닝포인트가 되었습니다. 저는 중개업을 할 생각이 없었습니다. 단지 평소에 관심이 많았던 부동산과 관련해서 일반적인 공부를 넘어서 아예 자격증을 따보자는 생각에 공부를 시작한 것입니다. 아침 9시부터 자정까지 총 넉 달을 공부해 27회 시험에 동차 합격했습니다.

2016년 말, 미국으로 돌아가 한국으로 들어올 준비를 하기 시작했습니다. 미국에서 몸과 마음이 너무나 아팠던 슬픈 기억, 단 한 번에 공인중개사에 동차 합격했다는 자신감, 한국에서 중개업에 도전해보고 싶다는 의욕이 복합적으로 상호작용해 저는 과감히 미국 생활을 정리하고 한국으로 돌아온 것입니다.

한국으로 돌아와 빌라, 아파트를 주로 취급하는 공인중개사 사무소에서 소속공인중개사로 근무했습니다. 소속공인중개사로는 8개월 정도 일했고 개업을 결심했습니다. 2018년 당시 주택 규제가 강화되던 시기였습니다. 주택은 규제에 따라 시장의 변동성이 너무 커 내 실력 여부와 상관없이 중개하는 데 걸림돌이 많다고 생각했습니다.

그래서 수익형 부동산을 중개하겠다고 마음먹었습니다. 마침 당시 핫한 투자처로 부상하던 지식산업센터를 알게 되어 서울 금천구 가산동에서 지식산업센터 분양 및 중개 업무를 시작하게 되었습니다.

3. 부동산 중개 시장과 부동산 투자 시장을 바라보는 자신만의 시각을 말씀해주세요

부동산 중개업이나 공인중개사에 대해 잘 모르는 사람들은 중개 업무가 하는 일 없이 중개보수만 챙기는 일이라고 생각하기 쉽습니다. 하지만 실제 중개사의 업무는 매수자가 필요로 하는 최적의 매물을 찾아주는 전문성 있는 업무입니다.

예를 들어, 사무실 한가운데 기둥이 박혀 있거나, 사무실 모양이 세모꼴 혹은 오각형인 소위, '못난이' 매물은 투자 매물로는 매력이 없다고 생각할 수 있습니다. 하지만 정중앙 기둥을 중심으로 독특한 책상 배치를 원하는 사용자에게는 좋은 임차 매물이 됩니다. 세모 혹은 오각형 꼴의 사무실은 공간 활용 면에서 떨어지지만, 저렴한 임대료의 사무실만을 찾는 스타트업 기업에는 최고의 매물입니다. 이렇게 임차인의 필요를 재빨리 알아채고 소개하는 것이 중개 행위이고, 노련한 중개사들은 이러한 능력을 갖췄습니다. 모든 교환 거래가 그렇듯, 중개도 각자 필요한 부분의 접점이 맞아떨어져야 이뤄질 수 있는 거래입니다. 그래서 가치가 높은 투자 매물이 항상 좋은 중개 매물이 되는 것은 아니라고 볼 수 있습니다.

부동산 투자는 장기 투자와 단기 투자로 나눌 수 있습니다. 두 분야 모두 선택과 집중으로 상당히 많은 공부를 한 후 접근해야 합니다. 지난 몇 년간 부동산 시장이 호황이라서 재개발·재건축 매물 또는 지식산업센터와 아파트의 분양권 거래를 통해 단기 이익을 얻은 투자자들이 많았습니다. 하지만 최근에는 이율이 높아지고 시장 상황이 악화하면서 단기 투자로는 크게 수익을 내기 어려운 것이 현실입니다. 이럴 때는 장기적인 관점에서 투자에 접근해야 합니다.

지식산업센터의 경우, 분양권 거래를 통해 프리미엄으로 수익을 내던 계약자들이 불황으로 인해 전매거래가 되지 않자, 잔금을 치르고 임대사업을 하는 추세가 뚜렷합니다. 주택가격과 마찬가지로 지식센터의 매매가도 결국 우상향된다고 보기에, 장기적으로 매도차익은 실현할수 있으나 당장 공실 위험으로 이자부담이 상당합니다. 그럼에도 버티는 자가 승리하듯이 장기적인 관점에서는 잔금을 치르고 보유하는 것이 낫습니다. 최근 잔금을 치를 여력이 없음에도 불구하고 공동 투자 등을 통해 분양권을 사놓고(분양가의 10%인 계약금만 있으면 가능하니) 잔금을 치르지 못해 계약금 전부 혹은 일부 포기를 해가며 분양권의 매수자를 찾는 투자자들이 꽤 있는데 안타까운 현실입니다. 부동산 투자는 여러 가지 변수를 고려해 신중히 접근해야 합니다.

불황기에는 투자는 잠시 쉬더라도, 늘 관망하는 자세로 공부하며 시장을 떠나 있지 않기를 권합니다. 언제 좋은 매물이 나타날지 모릅니다. 투자를 잘하기 위해서는, 지속해서 좋은 정보를 줄 수 있는 친한 중개사 몇 명과 꾸준히 소통을 하고, 수업을 듣거나 책을 통해 꾸준히 공부해야 합니다. 그리고 기회가 왔을 때 과감히 쓸 수 있는 종잣돈이 중요합니다.

4. 자신만의 영업 노하우와 마케팅 비법을 알려주세요

영업 노하우는 특별한 것이 없다고 생각합니다. 다만 매물을 구하는 행위(TM, DM 등), 임차인(매수인)을 구하는 행위(네이버 부동산 광고, 블로그, 유튜브 등) 현수막, 배너, 스티커 작업 등의 소규모 개업공인중개사들이 필수적으로 하는 영업은 모두 꾸준하게 해야 합니다. 분양이 주 업무이다 보니, 분양 관련한 전단 작업, 블로그와 유튜브 홍보에 초점을 맞추고 있습니다. 중개나 분양 모두 사람 간 행위라는 공통점이 있는데, 중요한 것은 반드시 진실성이 수반되어야 합니다.

고객과의 관계 유지의 중요성

상품에 따라 영업 방법이 조금씩 다른데, 제가 주로 중개하는 상품은 지식산업센터입니다. 지식산업센터를 분양받는 고객들(대부분 중소기업 대표들)은 한 장소에 (부동산으로) 자리 잡아 떠나지 않고 분양부터 입주까지 컨설팅이 가능한 중개사를 선호합니다. 분양 후에도 중도금 대출 때와 잔금 때 필요한 도움과 조언을 주고, 계획과 달리 입주를 못 하는 경우, 분양권을 전매로 처분해주거나, 임대를 맞춰주는 등 원스탑 풀서비스가 가능해야 고객의 신뢰를 얻을 수 있습니다. 즉 지식산업센터의 경우 일회성 중개로 끝나는 주택과 달리 분양 이후에도 끊임없이 일거리를 만들어주는 상품입니다. 분양만 하고 끝나는 것이 아니라 분양 후 입주까지를 고려해서 하나의 계약을 마무리하는 데 적어도 2~3년이 소요되고, 그동안 꾸준하고 성실하게 고객을 관리해야 합니다.

분양 담당자로서 지속적인 관심과 소통을 통해서만 고객의 니즈를 맞춰줄 수 있기 때문에 고객과의 소통은 가장 중요한 영업의 핵심이자, 마케팅입니다. 그 고객을 다른 투자로 연결할 수도 있기 때문에 진실성과 신뢰가 가장 중요한 마케팅 수단이라고 할 수 있습니다.

대행사 직원들과의 관계도 중요

실제 제가 분양 대행을 할 수 있었던 것도 사람 간의 관계를 중시했기 때문입니다. 분양 대행업의 경우, 내가 맡은 현장에 고객을 모셔와 계약까지 해주는 영업사원들의 역량에 따라 나의 수익이 달라집니다. 그 때문에 영업사원들과의 인적 네트워크를 잘 구축해놓는 것이 중요합니다. 평소, 빠른 정보제공과 피드백으로 좋은 이미지를 갖춰놓는 것이 중요하고 무엇보다 금전관계가 깔끔해야 합니다.

이 밖에 필요한 역량은 말을 일목요연하게 하는 것입니다. 10년을 장사, 사업을 하며 저의 말하기 능력이 어느 정도 훈련되었다고 보는데, 5분 동안 어떠한 매물에 대해서 설명할 상황에 놓이면 기-승-단점-전-결을 각 1분씩 말합니다.

매물의 단점을 중간에 솔직히 브리핑하고 단점을 덮을 만한 장점으로 전환 후 결론을 짓습니다. 매물 브리핑할 때 중요한 것은 또렷한 발음, 그리고 말끝을 흐리지 않는 것입니다. 쇼호스트가 물건을 판매할 때 자신감을 가져야 물건이 잘 팔리듯 중개사도 자기가 중개, 분양하는 매물에 자신감을 가져야 합니다. 중개업에 처음 도전하려는 독자분 중, 말하기가 다소 약하다 싶으면 웅변 학원, 스피치 학원을 잠시 다녀보는 것도 도움이 될 것 같습니다.

5. 향후 투자 및 중개에 관한 계획을 말씀해주세요

지난 5년간 제 주력분야인 지식산업센터에 주로 투자를 해왔습니다. 다만 최근 부동산 경기가 불황인 만큼 향후 몇 년 동안은 지식산업센터와 관련해서는 관망으로 갈 예정입니다. 금리가 높아 레버리지를 이용한 투자는 잠시 접어두고, 현금을 모으는 데 주력하고 있다가 현 정권이 밀고 있는 재건축·재개발 투자를 해볼 생각이라, 개인적으로 따로 공부를 하고 있습니다. 당분간은 부동산이 입점해 있는 당산생각공장 건물의 입주가 끝날 때까지 임대차 중개에 주력할 계획입니다. 분양 시장이 좋아지면 분양 업무에 주력할 것이고, 기회가 있다면 분양 대행 업무를 다시 하고 싶습니다. 인적 네트워크를 쌓을 수 있는 부동산 대학원에 진학하는 것도 제 계획 중 하나입니다.

실무 교육

① 공인중개사 자격증을 취득한 이후에 어떤 교육을 받으셨나요? 추가 시너지 효과를 얻을 수 있는 자격증이나 조건이 있나요?

공인중개사 자격증 취득 이후에 실무 교육과 연수 교육을 받았습니다. 그 외에, 파워포인트와 엑셀을 오랜만에 사용하는 데 어려움이 많아 사설학원에서 수업을 들었고, 개인적인 투자를 위해서 재개발과 경매 수업을 듣고 공부했습니다.

창업 및 취업

① 당신은 지역 기반의 중개사인가요? 콘셉트 기반의 중개사인가요?

서울, 경기 서남권(구로, 가산, 강서, 영등포, 광명, 안양 등)의 지식산업센터 분양이 주 업무다 보니, 내 전문 분야가(콘셉트) 있는 중개사라고 볼 수 있습니다. 그동안 가산동에서 공인중개사 사무소를 운영해왔는데, 분양 시장이 좋을 때는 사무실은 그저 잠깐 업무를 보는 곳 정도였고, 외부영업하러 돌아다니기에 바빴습니다. 지금은, 분양 시장이 소강 상태라 입주 건물 1층에서 입주장 임대차 업무에 주력하고 있습니다.

② 어떤 공인중개사 사무소에 어떻게 취업했나요?

공인중개사 자격증을 따고 나서 첫 근무 장소는 빌라, 아파트 등 주택을 중개하는 공인중개사 사무소였고, 소속공인중개사로 근무했습니다. 대부분의 중개사무소처럼 그곳도 여실장은 사무실을 지키며, 네이버 광고, 블로그 포스팅을 종일 올려주고 내방객들에게 커피, 차 대접 등 손님 응대를 원해서 몇 달간만 근무하고 그만두었습니다. 배운 점도 있고 속상한 일도 많았지만, 소속공인중개사로서의 경험은 가치 있다고 생각합니다. 대표 공인중개사와의 합과 가는 방향이 맞다면, 그리고 금전적인 부분에 만족한다면 한 사무실에서 직원으로 오래 근무해보는 것도 좋은 경험이지만, 그런 곳을 찾지 못했다면 과감한 개업도 도전해 보길 바랍니다. 중개업은 재고가 없으니 망해도 큰 빚은 지지 않기 때문입니다. 이후 금천구 가산동 공인중개사 사무소로 옮겨 처음으로 지식산업센터 중개를 시작했습니다.

③ 개업하게 된 경위는 무엇인가요?

가산동은 따로 가입해야 매물을 거래할 수 있는 지역 전용 중개사 모임이 없습니다. 그렇기에 근무하던 사무실과 같은 지역에서 개업해도 크게 개의치 않는 분위기입니다. 다만 상도덕상 같은 건물이나 바로 옆 건물에 개업하면, 아무래도 기존 근무하던 사무실과 경쟁자가 되는 것이라 바람직하다고 보긴 어렵습니다. 보통, 실장으로 근무를 하다 개업을 위해 그만두었다면 휴식 기간을 갖다가 신규로 입주하는 건물로 들어가는 경우가 많습니다. 가산동은 국가산업단지로 신축 지식산업센터가 많아 인근 지역에서 오픈하더라도 중개 대상물 개수가 많은 편이라 (기존 사무실 대표가) 크게 신경을 쓰지 않는 편입니다.

지역을 기반으로 주택 임대, 매매를 하는 곳들과는 분위기가 상당히 다른 편이라 텃세는 크게 없는 편입니다. 특히 요즘같이 손님이 귀한 시장에서는 사이가 좋지 않은 공인중개사 사무소 사장님이라고 할지라도 매물을 보여달라고 연락을 했을 때는 공동 중개를 하기도 합니다. 필드에서는 계약보다 우위에 존재하는 가치는 없습니다.

물론 임대차를 하다 보면 공동중개를 하게 될 때도 있고, 나와 일하는 스타일이 잘 맞아 같은 조건이라면 익숙한 상대와 중개를 하게 됩니다. 이런 중개사들이 몇 명 모여 이들 간에 네트워크를 형성해 그들끼리만 중개 거래하는 경우가 생기기도 합니다. 그럼에도 좋은 매물을 가지고 있는 사람과 꼭 계약할 손님을 보유한 사람이라면 누구라도 거래를 하게 되어 있습니다. 중개 업계에서는 계약이 곧 실력이고, 인격이며, 모든 것입니다.

금천구 가산동과 구로구 구로동의 산업단지 내에서 공인중개사 사무소를 개업한 중개사들은 분양 업무를 많이 합니다. 분양 업무는 고객 미팅, 분양 홍보관 당직 근무, 분양팀 회의를 비롯한 외부영업이 잦아 사무실을 비우는 경우가 많기 때문에 사무실에는 보통 임대차를 담당하는 직원을 둡니다. 저의 경우, 가산동에 개업은 했지만, 따로 직원은 두지 않고 최근 몇 년간 가산동 분양 시장이 좋을 때 분양을 위주로 외부에서 일을 했습니다.

④ 공인중개사 사무소를 인수할 때 권리금을 어떻게 산정하고 계약해야 하나요?

지식산업센터를 중개하는 공인중개사 사무소는 독점, 그리고 독점이 아닌 곳 두 종류로 나뉩니다. 보통 독점권은 부동산, 카페, 편의점을 주는데 산업단지 내에서 개업하고 싶다면, 공인중개사 사무소가 독점인지 아닌지, 건물 전면부인지 후면부인지, 가시성이 좋은지 등을 살펴보고 판단해야 합니다.

자금 여력이 있다면 독점 공인중개사 사무소로 입점하기를 권합니다. 독점 호실 지정 주체는 시행사로 독점상가 분양가는 일반상가에 비해 많게는 1.5~2배 더 비쌉니다. 혹은 독점상가와 함께 잘 안 팔릴 것 같은 호실을 끼워팔기도 합니다. 분양가가 높으니 당연히 임대료도 높게 책정되고, 억대의 권리금이 붙기도 합니다. 하지만 그만큼 가치가 있습니다. 연면적 3만 평의 대형 지식산업센터 1층에 공인중개사 사무소가 딱 한 곳 있다고 한다면, 그 공인중개사 사무소에서 거래시키는 임대와 매매계약의 개수를 상상해봅시다. 연면적이 3만 평이면 호실(비제조형 지식산업센터의 경우)만 전용 20평 기준으로 700~800개 이상 됩니다.

⑤ 공인중개사 사무소 인수 시 확인할 것은 무엇인가요?

우선 필수적으로 장부를 파악해야 합니다. 공인중개사 사무소 인수 전 장부를 확인할 수 있다면 좋지만, 그렇지 못하다면 공인중개사 사무소가 입점한 건물과 그 인접 건물들 어느 정도까지 매물장을 가지고 있는지 파악해야 합니다. 상호와 전화번호를 그대로 쓸 수 있는지 확인하고, 임대인이 그동안 임대료를 얼마나 올렸는지, 그리고 임대인의 성향도 파악하면 좋습니다. 물론, 상가임대차보호법으로 임차인은 10년까지 사용할 수 있으나 임대인이 막무가내인 경우 서로 피곤한 일이 생깁니다. 부동산 영업을 잘하고 있는데 만기 때가 되어 식당으로 임차 놓겠다며 임대인이 으름장을 놓고, 임차인을 1년간 괴롭혀 결국 임차인이 스트레스 받아서 나가는 경우를 봤습니다.

또한 그 중개사무소 주변으로 빈 상가가 있는지도 보기를 바랍니다. 한 곳의 공인중개사 사무소가 잘되면 분명 바로 옆이나 앞에 또 다른 공인중개사 사무소가 생기게 되어 있습니다. 현재 운영 중인 중개사가 그 공인중개사 사무소를 넘기고 확장 이전하는 경우라면 적어도 적자로 접는 경우는 아니니, 솔직한 답변을 듣지 못한다고 하더라도, 어디로 옮겨 가느냐 정도는 물어보는 것도 한 가지 팁입니다!

⑥ 공인중개사 사무소 창업 시 필요한 자금은 어느 정도인가요?

생각공장미소부동산을 예로 든다면, 이 상가는 전용 9.5평으로 3년 전 분양을 받아 입주한 경우지만, 현재 시세(보증금 3,000만 원, 월임대료 160만 원 (vat 별도)를 감안해서 계산해본다면, 개업비용은 총 4,860만 원입니다.

- 시설 집기 비용 800만 원(아래 표 참조)
- 임대료 160만 원(vat 별도)×6개월=960만 원
- 초반 광고비 100만 원(가장 기본적인 네이버 매물 등록비용만 적용)

※ 시설, 집기비용 세부내역(전용 9.5평 기준, 신축 첫입주 기준)

항목	금액
바닥 데코타일(전용 10평)	570,000
싱크대(인조대리석 상판 하부장)	380,000
수도공사	150,000
도어락 2개	170,000
가구(업무책상 2, 회의 1, 수납장 1, 프린터장 1, 커피테이블 1, 의자 등)	1,950,000
가전(커피기계, 정수기, 냉장고 등)	527,400
사무용품	79,990
명함 400매	59,800
배너, 현수막 등	100,000
간판(기본간판, 돌출간판)	4,010,000
총합	7,997,190

▲ 사무실 외부

▲ 사무실 내부

⑦ 동업 경험이 있나요?

동업을 몇 달 한 적이 있는데 가족 외 관계와는 동업을 추천하지 않습니다. 중개업이란, 큰돈이 오고 가는 계약을 핸들링하는 업이고, 사람의 밑바닥 본성을 보는 직업입니다. 돈 앞에서 본성을 드러내는 것이 인간입니다. 일한 만큼 비율을 달리 가져가는 경우, 이 비율에 대한 합의가 어렵습니다. 누가 일을 더 하든 무조건 경비를 제외하고 절반씩 가져가는 동업도 분명 속으로 서운하고 미운 감정이 들게 되어 있습니다.

단독 개업은 무리일 것 같아서, 임대료가 부담되어서 등의 이유로 동업을 하는데, 이것은 모두 남에게 의존하려는 마음 때문이라고 생각합니다. '잘되어도 내 탓, 안되어도 내 탓'이라는 생각으로 단독 개업을 하시기를 추천합니다.

중개계약

① 매물은 어떻게 구해야 하나요? 물건 접수 노하우를 알려주세요.

매물을 주고 가는 내방고객으로부터의 접수는 기본입니다.

임대인(매도인)의 전화번호를 따기 위해 건물을 타고 호실마다 스티커 작업이나 전단을 뿌립니다. 기존 고객 명단이 있는 경우, 단체 문자를 발송하고 DM, TM을 하기도 합니다. 매물 구하는 데는 다른 노하우가 없고, 가장 기본적인 방법으로 소처럼 일하는 수밖에 없다고 생각합니다.

② 고객 확보 기술이 있나요?

네이버 광고 올리기, 블로그, 유튜브를 하고 있습니다. 현재는 특정 건물 입주장을 하고 있어 파워링크 광고, 네이버 플레이스 등록을 해놓았습니다. 도로변에 배너와 현수막도 걸어놓았습니다(구청 단속으로 초반 한두 달 설치 후 철거했습니다).

조금 더 고객의 폭을 넓히기 위해, CEO 모임 같은 곳을 나간 적도 있습니다. 꾸준히 하기가 힘이 들지만, 기본적으로 자금력이 있고 투자에 관심이 많은 사람들이 모인 곳이다 보니 계약이 여러 건 나오기도 합니다. 코로나 때문에 온라인 모임으로 바뀌면서 그만두었는데 다시 시작할 계획입니다. 특히 수익형 부동산을 중개하게 되면 CEO 모임,

▲ CEO 조찬모임 BNI

▲ 글로벌 공인중개사(영어) 등록증

사업가 모임, 최고경영자과정 등에서 만나는 사람들은 고객이 될 확률이 높아서 중개업에 도움이 됩니다.

또한, 외국인 고객과 연결될 수 있다는 생각에, 서울시 글로벌 공인중개사(영어) 모집에 지원해서 필기시험을 보고 자격을 획득했습니다. 서울시에서는 영어, 중국어, 일본어 등 외국어로 소통과 계약서 작성이 가능한 중개사를 필기 시험을 거쳐 선발하고 있습니다. 서울시의 글로벌공인중개사 명단에 이름을 올릴 수 있고, 글로벌공인중개사 모임이 별도로 있어 교육, 세미나 등에 참여할 수 있습니다.

고객 관리

① 중개보수 협의 시 주의해야 할 점은 무엇인가요?

경기 불황 때 입주장의 경우, 임대인은 중개보수를 깎지 않고 다 주는 편이라, 임차인과 협의가 중요합니다. 임차인이 먼저 물어보는 경우는 먼저 협의하고 중개하는 과정에서 "이렇게 일 많이 하는데 중개보수는 다 주실 거죠?"라고 확인도 합니다. 첫 시작부터 "중개보수로 얼마 이상은 난 못 줘"라고 강하게 나오는 임차인 아니고서야 일 열심히 하는 모습을 보여주면 다 주거나 조정을 하더라도 약간만 하는 편입니다. 큰 시간과 노력을 들이지 않고 어쩌다 광고를 보고 와서 그 물건을 계약하고 가는 경우는 적당한 선에서 조정해주기도 하는데, 협의 과정이 길고 힘들었던 경우라면, 임대인 임차인도 다 사업을 하는 분들이라 일한 돈에 대해서는 지급해주는 편입니다. "일한 만큼 돈을 주셔야 한다"라고 여러 번 말을 하기도 합니다.

소득 관련

① 연봉은 어느 정도인가요?

중개업 시작 후 첫해를 제외하고 작년까지는 1.5~2.5억 원입니다. 개인 투자 수익까지 합한 금액입니다. 중개수수료 수익은 미미한 수준이고, 분양 수수료가 대부분인데 분양 시장이 좋을 때라 가능했습니다. 현재 분양 수수료는 2~3년 전 분양했던 잔금 수수료만이 간간이 들어오고(분양 수수료는 2~3년에 걸쳐 입금됨), 입주장 건물의 임대차 중개수수료 수입만으로 1.5억 원 이상을 벌고 있습니다. 시장 상황이 앞으로 어떻게 될 것인지, 그리고 입주장 건물의 입주가 완료된 후, 매매가 얼마나 될 것인지 등 미래에 발생할 변수들에 의해 수입이 좌지우지되기는 하지만, 기본 직장인 연봉보다는 훨씬 더 벌고 있습니다(중개사의 연수입은 스트레스 강도와 정비례합니다).

② 중개업을 하면서 가장 힘들었던 부분은 무엇인가요?

돈 앞에서 사람이 어디까지 치졸해지고, 거짓말을 잘 할 수 있는지 인간의 밑바닥 본성을 보며 일할 때 심적으로 힘들 때가 있습니다. 그리고 중개사와의 약속은 세상에서 가장 무시해도 되는 약속인 것처럼 잠적하고 연락 안 되는 사람을 겪을 때 힘이 듭니다. 이제는 대수롭지 않은 경우지만, 질문하고 공부하며 중개사와 토론하고 싶어서 공인중개사 사무소를 방문하는 시간 많은 분이 안 나가고 버틸 때도 조금은 지칩니다. 중개업의 힘든 점은 모두 사람 때문이라고 생각합니다. 매물을 따고, 광고를 올리고, 전화 받고, 매물들 투어시키고…. 익숙해지면 힘든 일이 하나도 없고 그저 시간을 많이 투자해야 하는 단순 루틴 같은 일들입니다. 하지만 힘든 사람을 상대할 때 저도 힘이 듭니다. 장사를 10년이나 했는데도, 중개업은 또 다릅니다. 피부 한 곳에 상처가 나고 낫기를 반복하면 굳은살이 생깁니다. 중개업을 하면서 마음에 굳은살이 많이 생겼습니다. 시련을 겪으며 성장한 마음에 생긴 굳은살은 앞으로 중개업을 하면서 제 방패막이가 되리라 생각합니다. 더욱 경험을 쌓아 어떠한 일에도 일희일비하지 않은 중개사가 되도록 노력 중입니다. 사람에 대해 기대가 많고 상처를 쉽게 받는 분들은 중개업이 많이 힘들 수 있을 것으로 생각합니다.

그래도 세상에는 아직 좋은 고객들도 많습니다. 수고했다고 중개수수료에 식사비까지 더 주는 분들도 있습니다. 고객의 돈이 내 가족의 돈이라고 생각하고, 신중하며 프로다운 중개를 해드리면 분명 알아봐주고 고마워하는 고객을 만날 수 있습니다. 이만큼 보람되고 금전으로 확실한 보상을 받을 수 있는 직업도 없습니다. '중개업을 해볼까?'라고 고민하는 분들이 계시다면, 고민하는 시간에 안 되더라도 일단 도전해보는 것을 추천합니다. 누가 아나요? 내 인생 최고의 직업이 될지요. 오랜 미국 이민생활을 접고 선택한 직업인 공인중개사. 저는 후회하지 않기 위해 오늘도 愚公移山(우공이산)의 마음으로 일을 합니다.

PART **17**

중개업보다 더 큰 꿈을
이루게 해준 유튜브

최영훈

공인중개사

현) 부티인 공인중개사 사무소(인천광역시 서구)

현) 서울 강남구청, 인천 도서관, 주민자치센터 부동산 강사

현) 국토교통부 인플루언서, 서울특별시 크리에이티브 포스,
　　창창프로젝트 멤버

저서)《부동산투자 궁금증 100문 100답》

유튜브 : 부티인 https://www.youtube.com/@BTIN

1. 부동산에 관심을 갖게 된 이유와 계기는 무엇인가요?

막막함을 관심으로

'죽기 전에 내 집 한 채 가질 수 있을까?'

오랜 취준생 생활을 거친 흙수저 직장인에게 내 집 마련은 다른 세상 이야기였습니다. 막연함을 넘어선 막막함이 오히려 부동산에 관심을 가지게 했습니다.

언론고시 취준생이란 타이틀은 생각보다 오래갔습니다. 대학을 졸업하고도 2년, 〈서울신문〉 기자라는 명함을 얻기 위해 보낸 시간이었습니다. 낯설고 치열했던 신입 시절을 거쳐 일이 손에 익고 나니 비로소 앞을, 미래를 생각할 여유가 생겼습니다. 가장 큰 문제는 내 집 마련이었습니다. 모아놓은 돈이 없는 흙수저이자 박봉과 과도한 업무에 시달리는 기자 앞에 놓인 현실은 암담했고, '죽기 전에 내 집 한 채 가질 수 있을까?'라는 생각에 참담했습니다.

그나마 다행인 것은 온갖 정보들이 모이는 언론사에 있다는 점이었습니다. 경제부·산업부 선배들에게 가르침을 받으니 내 집 마련에 가장 좋은 방법은 '청약 당첨'이었습니다. 이때가 2010년쯤이었습니다. 아직 사람들 사이에 주택청약과 청약통장에 대한 관심이 그리 높지 않던 시절이었습니다. 그렇게 남들보다 조금은 빨리 청약의 중요성을 깨닫게 되었습니다.

하늘의 별 따기보다 어려웠던 청약 당첨

그렇게 처음 청약을 넣던 날이 아직도 기억납니다. 단순히 청약을 신청했을 뿐인데 당첨이라도 된 듯한 기분이었습니다. '통장에 돈이 한 푼도 없는데 당첨되면 계약금은 어쩌지?' 하는 쓸데없는, 그러나 행복한 고민을 하기도 했습니다. 하지만 결혼도 하지 않고 부양가족도 없는 아직은 '어린' 단독세대주 청년에게 청약 당첨의 행운은 돌아오지 않았습니다. 이후 눈에 띄는 곳이 있으면 꽤 많이 주택 청약을 신청했습니다. 어쩌면 취준생 때 입사지원서만큼이나 청약을 넣지 않았을까 합니다.

실제 당첨 지역은 첫 청약으로부터 7~8년이 흐른 뒤, 서울이 아닌 세종이었습니다. 세종시민으로 신혼부부 특별공급, 25평형(59타입) 1층이 당첨되었죠. 하지만 처음 당첨된 아파트는 다른 지역으로 이직하면서 분양권 상태에서 팔게 됩니다. 당시 상승장이 아니었기 때문에 큰돈을 벌지는 못했고, 시세차익은 2,000~3,000만 원 수준에 그쳤습니다. 하지만 이 돈이 후에 종잣돈이 되었고 자산을 불리는 시작점이 되었습니다. 그렇게 '부동산은 필수재이면서도 자산 증식의 중요한 수단'이라는 것을 몸소 깨달았습니다.

2. 공인중개사 자격증에 도전하게 된 이유와 계기는 무엇인가요?

잘할 수 있는 일을 찾아

〈서울신문〉을 거쳐 쿠팡에 다니다가, 작은 잡지사를 창간했습니다. 하지만 세월호 사고로 공연예술, 출판계가 큰 어려움을 겪게 되었습니다. 어느덧 아이도 생겨, 안정된 직장이 필요했습니다. 이후 경력을 살려 대전 공기업, 소상공인시장진흥공단에 방송기자로 입사합니다. 하지만 기대와 달리 계약직에서 무기계약직으로 전환이 되지 않았습니다. 당시 특수직종이었던 제 부서가 해당 공기업에서 통째로 없어졌기 때문입니다.

이후 어떤 진로를 택할까에 대한 고민을 많이 했습니다. 나한테 알맞은 일, 적성과 특기를 살리면서도 집에서 가까운 곳에서 일할 수 있는 직업들을 탐구했습니다.

제 특기는 데이터와 자료를 콘텐츠로 풀어내는 것이었고, 그 수단은 글 또는 말이었습니다. 여기에 하나 더, 제 직업적인 갈망이 포함되었습니다. 기자 시절, 기사를 쓴 뒤 늘 피드백에 목말라했습니다. 댓글이나 이메일·조회 수·좋아요 등으로 독자들의 반응을 알 수 있었지만, 좀 더 직접적이고 실시간 의사소통을 원했습니다. 이런 적성과 특기, 실시간 커뮤니케이션, 직주근접에 들어맞는 직업이 공인중개사였습니다.

친척 중 1명이 공인중개사 사무소를 운영하고 있다는 점 또한 결정에 큰 작용을 했습니다. 공인중개사 시험 준비 전, '실무 경험을 어떻게 쌓아야 할지'까지 생각하며 진로를 결정했습니다.

공부는 엉덩이로 한다

회사에서 나온 게 5~6월, 공인중개사가 되어야겠다는 마음을 먹고 나니 시험까지 불과 100일밖에 남지 않았습니다. 시험 과목이 뭔지도 모른 채 무작정 기본서를 사고 인터넷 강의 수강권을 끊었습니다. 독서실에서 혼자 공부했습니다. 시험에 대한 사전지식과 노하우가 없어, 방향성을 찾지 못할 때도 있었습니다.

공부는 '엉덩이로 하는 것'이라 생각하고 하루 12시간 이상 앉아 있었습니다. 한 가정의 가장이라는 책임감 또한 한몫했습니다. 12시간 이상 혼자 하는 공부, 마음이 흐트러지기 쉬운 상황이었습니다. 하지만 좋은 자극제가 있었습니다. 당시 독서실에는 늘 아침 일찍 나와 밤늦게까지 공부하는 남자분이 있었습니다. 일주일에 쉬는 날 없이 매일 나와 공부했습니다(후에 소방 공무원을 준비한다는 것을 알게 되었습니다). 그를 보고 자극받아 '저 사람보다 딱 30분만 더 하자'라는 심정으로 공부했고, 같은 해에 1차, 2차 동차 합격을 할 수 있었습니다.

실무 경험은 손쉽게 쌓을 수 있었습니다. 친척이 운영하던 인천으로 올라와 일을 시작할 수 있었기 때문이죠. 혹시 예비 공인중개사가 이 글을 읽고 있다면, 실무 경험과 일을 처음 배울 수 있는 루트에 대해 먼저 고민해보시기를 바랍니다.

대부분 공인중개사 사무소는 1~2인 체제로 운영합니다. 업무에 대한 매뉴얼이나 프로세스를 체계적으로 문서화시켜서 알려주는 곳이 많지 않습니다. 기존 개업공인중개사 등의 개인적인 경험을 '도제식'으로 배울 수밖에 없습니다. 지금까지 쌓은 경험과 경력은 '제로'가 된다고 생각하면 됩니다. 말 그대로 초심으로 돌아가 배우겠다는 자세가 필요합니다.

3. 부동산 중개 시장과 부동산 투자 시장을 바라보는 자신만의 시각을 말씀해주세요

투자하려고 공인중개사 사무소를 차린다?

공인중개사 자격시험! 이제는 중년 고시를 넘어서 '국민 수능'으로 불릴 만큼 관심이 커졌습니다. 각자 다른 사정과 이유로 준비해 자격증 시험을 봅니다. 그런데 '부동산에 관심 있어서, 나아가 부동산 투자에 관심이 있어서', 이런 이유로 공인중개사 자격증을 준비한다면 생각을 바꾸시기를 바랍니다.

투자자로서 공인중개사는?

중개사가 투자에 유리할 이유는 하나도 없습니다. 중개사는 말 그대로 부동산 중개업을 위한 직종이고, 그에 대한 실무만을 처리하는 위치이기 때문입니다. 부동산 공부와 투자를 위한 것이라면 자격증 유무는 전혀 상관없습니다. 공인중개사가 남들보다 투자에 유리한 것은 딱 하나, '일반 소비자보다 매물에 대한 정보를 빨리 얻을 수 있다'라는 정도입니다. '급매를 빨리 캐치할 수 있다'라는 게 장점입니다.

급매 또는 좋은 매물이 나왔을 때 중개하지 않고 자신이 직접 구매하는 것을 현장에서는 '찍는다'라고 합니다. 예를 들면, 평균 6억 원대 아파트를 갑자기 5억 원대 급매로 접수하는 경우, 분양권 프리미엄은 5,000만 원이 보통인데 갑자기 무피 매물이 나왔을 때, 향후 상승이 예상되는 매물을 사두었다가(=찍었다가) 차익을 보고 파는 경우 등입니다.

하지만 이것뿐입니다. 상당히 지엽적이고 미시적인 관점에서만 극히 일부 '급매' 정보를 얻고 이용하는 수준에 불과합니다. 그렇기에 투자에 대해 광범위한 식견을 쌓지 않는 이상 공인중개사로서 투자는 '자신이 있는 지역에서 특정한 시기에 극히 제한적인 상황의 일부 매물'에 한정될 수밖에 없습니다.

공인중개사는 해당 지역에 '시세 현황 전문가'입니다. 자신이 영업하는 지역(상당히 좁은 의미로)의 매물 정보와 시세, 거래 현황 등은 그 누구보다 잘 알고 있을 것입니다. 하지만 따로 공부하지 않는다면 그 이상은 될 수 없습니다.

중개업 전망은?

부동산 시장이 활황이던 시절 늘 나오는 이야기가 있습니다. '한 건만 하면 대기업 월급만큼 번다', '한 달 내내 놀다가 하루 이틀만 일해도 먹고산다'라는 소리죠.

이 책을 읽는 분 중에는 이미 중개사무소를 차려서 운영하는 분도 계실 것입니다. 이 이야기에 대해서 어떻게 생각하시나요? 진짜 그렇다고 생각하시나요? 현직에 계신 분들은 "절대 아니다"라고 말할 것입니다. 단 한 건의 거래를 위해 많은 사전 작업(방문·임장·전화·문자·상담·자료 확보·자료 제작·동행·손님 응대)을 거쳐야 합니다. 계약서 작성만으로 끝나는 일이 아닙니다. 계약을 위한 이견 조율부터 잔금 때까지 들이는 시간과 노력은 이루 말할 수 없습니다.

또 부동산은 '상당히 고관여 상품'입니다. 껌처럼 쉽게 생각하고 구매하는 '저관여 상품'이 아닙니다. 한 번의 거래를 위해 소비자가 엄청 신중하게 검토하고 생각하며, 비교할 수밖에 없습니다. 공인중개사 입장에서 이 말을 풀어보면, 한 번에 바로 구매를 결정하는 손님은 거의 없다고 생각하면 됩니다. 집을 한 번만 보고 사는 손님이라뇨(운 좋게 딱 한 번만 보고 결정한 사람이 있다면, 이미 그 손님은 다른 공인중개사 사무소를 수없이 방문했다가 마지막으로 온 고객이라는 의미입니다)?

생존을 위한 길

그렇기에 중개업은 어렵습니다. 2021년 중개보수가 깎였고, 부동산 경기 침체로 중개 건수마저 줄어들었습니다. 여기에 제 살 깎아 먹는 '반값 중개 업체'가 난립하고, 대기업마저 호시탐탐 골목상권을 잠식하고 있습니다.

대다수 공인중개사는 '동네 슈퍼'처럼 영세합니다. 1~2명의 인원으로 겨우 꾸려가는 수준이죠. 그렇기에 반값 업체와 대기업에 맞서기가 참 힘듭니다. 또한, 중개 건수에 영향을 주는 정부 정책과 부동산 경기는 중개사 개인이 핸들링할 수 있는 영역이 아닙니다.

앞으로 이러한 현상은 더 심해질 것입니다. 그럼 공인중개사로서 살아남으려면 어떻게 해야 할까요? 이 책에서 많은 현직 공인중개사들이 자신의 노하우를 아낌없이 풀어내고 있습니다. 저 또한 여러분보다 한 발짝 앞서간 선배로서, 제가 중개 시장에서 경험한 모든 것들을 알려드리려 합니다.

4. 자신만의 영업 노하우와 마케팅 비법을 알려주세요

중개업 매출에 날개를 달아준 '유튜브'

저는 4만 유튜버입니다. 현직 공인중개사로 유튜브 채널 '부티인'을 운영하고 있습니다. 1,000만 유튜버도 많은 세상에 4만이 뭐 대수라고 생각할 수도 있지만 그 위력은 막강합니다(동네를 지나다니면 연예인 보듯 알아보는 분들도 '더러' 있습니다).

100명이 넘으면 당장 중개업에 큰 도움이 되고, 1,000명이 넘으면 부가적인 일들이 생깁니다. 1만 명이 되면 자신만의 브랜드를 '꽤 견고하게' 생성할 수 있습니다. 이 책 외에도 단독 저자로 부동산 노하우를 담은 책을 집필했고, 강연과 취재 요청도 상당히 들어옵니다. 유튜브를 시작하고 생긴 변화입니다.

유튜브를 시작한 지 2년여 만에 운이 좋게 꽤 많은 구독자분이 생겼습니다. 현직 중에 1만 명 이상 넘긴 공인중개사는 손에 꼽을 정도입니다. 사실 공인중개사로서 1,000명은커녕 100명 구독자도 모으기 쉽지 않습니다.

저 또한 출발은 똑같았습니다. 구독자 10명이 되는 순간 자신에게 놀라워했고, 100명이 되는 순간 세상을 손에 얻은 것 같았습니다. 1,000명이 되니 무엇이든 할 수 있다는 자신감이 하늘을 찔렀죠. 중개업에 큰 도움이 된 것은 당연합니다. 제 유튜브 비결을 알려드리려고 합니다.

우리는 방송국 피디가 아니니까

많은 분이 한 번쯤은 '나도 유튜브나 해볼까?' 하고 생각해보셨을 것입니다. 저도 이런 생각에서 시작했습니다. 남들과 똑같았습니다. 처음에는 큰 뜻을 품지 않았습니다. 그저 시간이 좀 남아돌아서, 뭐라도 해봐야 할 것 같아서였습니다. 하지만 막연하게 생각만 하면서 실제 유튜브에 첫 영상을 올리기까지는 수개월이 걸렸습니다. 영상을 찍을 줄 몰라서, 편집이 어려울 것 같아서, 두려워서, 잘 몰라서… 등 핑곗거리는 차고 넘쳤습니다.

시작하기 전에는 수많은 영상 사례를 참고하게 될 것입니다. '이 사람은 이런 영상이네', '저 채널은 이렇게 하고 있네' 등 많은 기준이 있을 것입니다. 또 TV에서, 인터넷에서 수많은 영상을 보고 접합니다. 하지만 자신이 만든 영상은 절대로 저런 '퀄리티'가 나오지 않습니다. 허접하기 그지없습니다. 자신이 만든 영상 수준은 남들에게 보여주기 창피한 수준입니다. 저 또한 마찬가지였습니다. 첫 영상 촬영과 편집에 꽤 공을 들였는데도 지금 보면 매우 창피합니다. 첫 5분짜리 영상 편집에 10시간 이상 쏟아부었는데도 말이죠. 2년이 지난 지금 올리는 영상 또한 크게 달라진 게 없습니다. 자료를 약간 첨부하고 자막에 신경 쓸 뿐, 별다른 게 없습니다. 당연합니다. 우리는 피디가 아니기 때문입니다.

다큐 영화를 찍는 게 아니니까

다큐멘터리가 아니기 때문에 부담을 가질 필요 없습니다. 지인 중 유튜브를 중개업에 매우 잘 활용하는 분도 컴퓨터를 잘 다루지 못하는 50대인 공인중개사입니다.

영상 퀄리티에 신경 쓸 필요가 없습니다. 우리는 전문가가 아니기 때문입니다. 아무 생각 없이 일단 시작하면 됩니다. 관련 영상을 찍은 다음, 큰 편집 없이 올려도 됩니다. 아니 그렇게 해야 합니다. 처음부터 너무 공을 들이면 오래가지 못합니다. 유튜브는 단기간에 승부를 보는 수단이 아닙니다. 오랜 시간 천천히 묵묵히 해야 합니다.

유튜브 구독자를 늘리기가 참 힘듭니다. 100명은커녕 10명 구독자 모으기도 어렵습니다. 지금 동네 부동산 유튜브에 들어가보세요. 구독자 수가 고작해야 수십 명, 많아야 100~200명에 불과합니다. 하지만 이마저도 오래 하지 못합니다. 대부분 1~2달 하다가, 또는 영상 2~3개 올리고 끝납니다. 영상을 올려도 조회수도 안 나오고, 고객에게 반응도 없고, 문의 전화도 없기 때문입니다. '힘든데 굳이 유튜브를 해야 하나?'라는 의구심도 들고, '아무도 안 보는데 이걸 내가 왜 하고 있지?'라고 자책할 수도 있을 것입니다. '이렇게 하면 되는 건가?'라는 생각도

하게 될 것입니다. 포기하지 마세요. 의심하지 마세요. 자연스러운 현상입니다.

'유튜브나 해볼까?'라는 말

영상을 꿋꿋이, 꾸준히 올리기를 바랍니다. 다른 방법은 없습니다. 계속 올리면 어느 순간 '좋아요'도 늘고, 댓글도 달리고, 결과적으로 고객한테 연락도 올 것입니다. 되든 안 되든 꾸준히 올리는 게 정답입니다.

제가 유튜브를 시작할 때 다른 공인중개사 사무소에 일절 알리지 않았습니다. '경쟁자'들한테 군이 알릴 필요가 없다는 생각도 했고, 동영상을 남한테 보여주기도 부끄러웠기 때문입니다. 영상을 20편 정도 올리고 나니 주변 공인중개사 사무소에서 먼저 물어보기 시작했습니다. 대부분 똑같은 이야기였습니다. "하기 어렵지 않아?", "그거 돈 좀 돼?", "광고 수익 좀 난다면서?", "손님 좀 와?" 이런저런 궁금증을 쏟아낸 뒤 이어지는 대화 또한 같았습니다. "나도 좀 해볼까?" 저는 그럴 때마다 적극적으로 반겼습니다.

이렇게 물어본 부동산 중개사무소만 최소 20여 곳입니다. 그중 몇 명이나 유튜브를 시작했을까요? 유튜브 채널을 판 곳은 3곳, 그나마 영상을 올린 곳은 1곳뿐이었습니다. 저희 동네는 5년 이내 신축 아파트+주상복합이 15개 단지에 2만여 세대가 있는 곳인데도, 유튜브를 꾸준히 올리는 공인중개사 사무소는 2~3곳에 불과합니다. 말은 쉽지만 행동하는 것은 어렵습니다.

두려워하지 마세요. 유튜브 별거 아닙니다. 찍고 올리면 됩니다. 대단한 편집도 필요 없습니다.

5. 유튜브의 구독자가 기하급수적으로 늘어난 시점은 어떤 콘텐츠를 올리고 난 뒤였나요?

　대다수 공인중개사는 매물 정보를 제공하는 내용의 유튜브 콘텐츠를 업로드합니다. 자신이 가진 매물이 무엇이며, 가격은 얼마인지, 살 사람이 있으면 연락을 달라는 등의 광고가 주된 내용입니다. 즉, 매수자나 임차인 등을 대상으로 하는 콘텐츠입니다. 문제는 매물에 관한 콘텐츠는 거래가 이뤄지게 되면 삭제해야 합니다.

　저 또한 매수인들만을 대상으로 타깃팅한 매물 콘텐츠만 올리다가 문득 매도자·임대인을 위한 콘텐츠를 찍어봐야겠다고 생각했습니다. 예를 들어, 현재 임대인의 부동산이 자리하고 있는 동네에서 어떤 일이 벌어지고 있는지, 최근 정부에서 발표한 정책이 지금 당신의 부동산에 어떤 식으로 적용되는지 등을 알려줬습니다. 당시 '누구도 알려주지 않는 루원시티의 현재'라는 제목으로 영상을 찍었습니다. 지하철 개통이

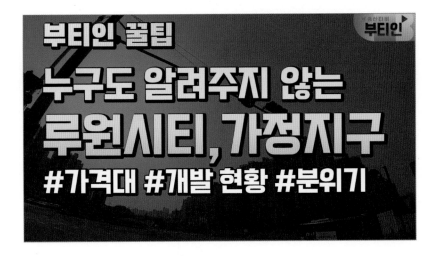

나 중학교 신설 등 해당 지역의 근황을 알리는 영상이었습니다. 반응이 좋았습니다. 보통 영상 조회수가 100이었다면, 해당 영상은 그 10배 이상을 기록했습니다. 이 지역에 관심 있는 사람들이 많이 보고 공유했습니다. 그뿐만 아니라 '이 지역에 매물을 가진 임대인'들 사이에서도 화제가 되었습니다.

투자자인 집주인과 임대인은 다른 지역에 사는 경우가 많습니다. 멀리 있어서 해당 지역 정보를 시시각각 따라잡기 어렵습니다. 이 지점을 공략한 것입니다. 자신이 보유한 부동산 정보를 지속해서 알고 싶어 한다는 니즈. 이 욕구를 채워주는 콘텐츠를 통해 매도인과 임대인들의 관심을 모았습니다. 이런 콘텐츠는 즉각적인 중개 수익으로 이어지기 어렵습니다. 하지만 매물을 확보하는 효과는 상당합니다. 지역 정보를 제공하며 신뢰를 쌓으니, 먼저 연락해서 매물을 내놓기 시작했습니다. 구독자 확보도 훨씬 수월해졌습니다. 당시 구독자가 500명이었는데 '지역 정보' 영상 하나로 1,000명으로 늘어났습니다.

구독자가 늘어나니 '개인 브랜딩'으로 자연스레 이어졌습니다. 출판사에서 먼저 출간 제의도 오고, 강연 요청도 이어지고 있습니다.

6. 현재 새롭게 고민하는 유튜브 콘텐츠가 있나요?

전세 사기 피해방지를 위한 임대차 기초 상식 강의를 진행하고 있습니다. 앞으로도 부동산 시장에서 발생하는 사건 사고 등을 관찰하고 이를 예방, 혹은 해결할 수 있는 시의성 있는 콘텐츠를 만들 예정입니다. 책도 곧 출간되는데, 부동산 거래할 때 현장에서 벌어지는 일과 주의해야 하는 사항을 다룹니다.

유재석, 블랙핑크가 아니니까

유튜브를 하면 좋은 것을 아는데도 왜 안 할까요? 답은 늘 같습니다. 영상을 찍고 편집하는 게 어려워 보이기 때문입니다. 그리고 막상 찍어서 올린다고 해도 구독자 수도 늘 제자리걸음이고, 손님한테 반응도 없는 게 두 번째 이유입니다. 특히 구독자 수 정체로 많은 좌절을 겪는데요. 연예인이 아닌 이상 한 방에 구독자를 모으기란 쉽지 않습니다. 구독자가 안 늘어나는 게 당연합니다. 우리는 유재석도 아니고, 블랙핑크도 아니니까요.

구독자 수라는 목표에서 벗어나기를 바랍니다. 목표 설정을 달리하면 됩니다. 구독자 수 늘리기보다는 영상 개수 채우기가 훨씬 현실적이고 재미있는 목표입니다. 구독자 수 100명, 1,000명이 되는 길은 지루

하고 힘듭니다. 소위 '알고리즘'의 덕도 봐야 하는데, 이것은 천운입니다. 그렇기에 독자 수보다는 자신이 달성할 수 있는 목표를 설정하는 게 좋습니다.

'영상 50개는 올려보겠다', '매주 1개씩 6개월은 채워보겠다'라고 해보세요. 구독자 수와 상관없이 이 목표를 채워보세요. 구독자 수를 신경 쓰지 않고 하다 보면 익숙해지고 재미가 붙을 것입니다. 영상 개수가 차곡차곡 쌓이면, 어느 순간 고객의 문의도 많아지고 매출도 늘어나는 것을 경험하게 될 것입니다.

'구독자 수 늘리기'에 목매달 필요 없는 이유

구독자 수 올리는 데는 '쇼츠(유튜브의 1분 이하 짧은 동영상)'가 효과적입니다. 유튜브에 노출이 잘되고, 많은 이들이 손쉽게 볼 수 있기 때문입니다. 하지만 쇼츠만으로 '중개업 매출 부스터'로 활용하기에는 적절하지 못합니다. 쇼츠는 많은 사람에게 노출되는 반면, '자신의 타깃 고객'과는 멀어질 수 있기 때문입니다. 전국 단위 구독자 1만 명보다 자신의 동네에 관심 있는 100명이 중개업에 더 도움이 됩니다.

쇼츠로 구독자 수를 늘리고 많아진 구독자 수를 기반으로 매물을 홍보하겠다는 전략도 때에 따라서는 효과적일 수 있습니다. 다만 이때에도 '많아진 구독자 중 대부분은 자신의 중개업에 큰 도움이 되지 않는다'라는 점은 명심하는 게 좋습니다. 이 전략은 로컬 기반(동네 아파트 전월세, 상가 임대차 등)으로 하기보다는 좀 더 콘셉트가 명확하고 전국에서도 찾는 매물을 주로 다룰 때 더 효과적일 것입니다.

부동산 유튜브 99%가 간과하는 것

공인중개사가 유튜브를 통해 보여줄 만한 것은 다음과 같습니다.

첫째, 지역 정보, 둘째, 관련 정책, 셋째, 매물 정보입니다. 보통 최종 목표는 매물 정보를 통한 중개 활동일 것입니다. 즉, '내 유튜브에 매물을 올려서 이 영상을 보고 손님이 오게 해야지'입니다. 좋은 생각입니다. 당연한 전략이고요. 대부분 공인중개사 사무소가 유튜브를 이 용도로 활용하고 있습니다. 결과적으로 '매수(임차) 고객'을 확보하겠다는 것입니다. 그런데 여기에서 한발 더 나아가길 바랍니다.

유튜브를 통해 '물건지가 되겠다', '매물을 확보하겠다'가 바로 그것입니다. 단순히 매물 홍보로 매수 임차 손님만을 모으려고 하지 마세요. 자신의 공인중개사 사무소 자체를 알려 매도 임대인도 흡수해야 합니다. 그렇기에 단순 매물 홍보보다는 지역 정보와 그와 관련 정책도 적절히 영상으로 다루는 게 좋습니다.

'지역 정보 관련 정책'이라고 하면 어렵다는 생각이 들 수도 있지만, 쉽게 생각하세요. 지역 정보는 지금 동네 시세, 매매 분위기만 전달해도 충분합니다. "이 동네 얼마까지 갔는데 지금은 얼마고, 전세 분위기는 요새 어떻게 된다", "동네 상가가 비어 있었는데 최근 ○○음식점이 들어왔다", "앞에 도로가 2차선에서 3차선으로 넓어졌다", "내년 완공될 중학교, 지금 이렇게 지어지고 있다" 정도만 전해도 (매도인과 임대인을 위한) 훌륭한 콘텐츠가 됩니다.

관련 정책 또한 마찬가지입니다. 부동산과 세금 관련 정책은 모두에게 유용합니다. 정부 자료를 바탕으로 간단히 영상으로 만들면 누구에게나 좋은 정보가 됩니다. 이 지역이 아닌 먼 곳에 사는 임대인에게 더

할 나위 없이 소중한 이야기가 될 것입니다.

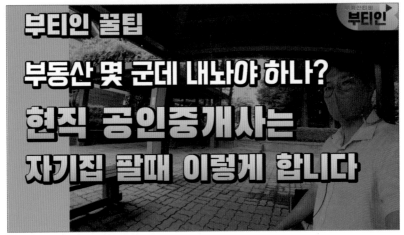

7. 향후 투자 및 중개에 관한 계획을 말씀해주세요

유튜브는 제게 큰 변화를 주었습니다. 동네를 다니면 알아보는 사람도 생기면서 '연예인 보듯' 신기해하는 일도 있습니다. 또 가족들도 자랑스러워합니다. 중개업에도 큰 도움이 되었습니다.

유튜브를 시작하니 번외 수입과 크고 작은 부가적인 일들도 많이 생겼습니다. 영상 광고도 찍게 되었고, 협찬(콜라보) 요청도 꽤 들어옵니다. 지금 이 책 외에도 단독 저자로서 《부동산 투자 궁금증 100문 100답》이라는 제목의 책도 출간했습니다. 강연 요청도 늘어나고 있습니다. 이 책이 출판될 때쯤이면 일반 소비자 외에도 '공인중개사를 위한 실전 강의'도 진행하고 있을 것입니다.

한때 막연한 기다림으로 손님을 바랐던 적이 있고, 막막한 무료함에 시간을 허비했던 적도 있습니다. 하지만 '유튜브'라는 작은 실천이 큰 변화를 불러왔습니다. 본업인 중개업보다 다른 일들로 더 많은 사람을 만날 기회가 생기고 있습니다. 오늘 이 책 또한 그 일환이라고 생각합니다.

중개업에는 파고가 있습니다. 시기에 따라, 정책에 따라, 시장 환경에 따라 잘될 때가 있고, 어려울 때가 있습니다. 어려울 때 막연한 기다림으로 시간을 보내기보다는 무엇인가 일을 만들어보기를 권해드립니다. 꼭 유튜브가 아니라도 좋습니다. 이 책을 읽는 공인중개사분들이라면 자신만의 '무기'를 찾을 수 있을 거라 믿습니다. 보다 간절한 분들께 더 좋은 기회가 찾아오길 바랍니다.

마지막으로, 유튜브 부티인 '좋, 댓, 구, 알'.

나는 공인중개사다!

초판 1쇄 2023년 11월 9일

지은이 강우진 외 16인
펴낸이 최경선   **펴낸곳** 매경출판㈜
기획제작 ㈜두드림미디어
책임편집 최윤경, 배성분   **디자인** 노경녀 nkn3383@naver.com
마케팅 김성현, 한동우, 구민지

매경출판㈜
등록 2003년 4월 24일(No. 2-3759)
주소 (04557) 서울특별시 중구 충무로 2(필동 1가) 매일경제 별관 2층 매경출판㈜
홈페이지 www.mkbook.co.kr
전화 02)333-3577
이메일 dodreamedia@naver.com(원고 투고 및 출판 관련 문의)
인쇄·제본 ㈜M-print 031)8071-0961

ISBN 979-11-6484-610-8 (03320)

**책 내용에 관한 궁금증은 표지 앞날개에 있는 저자의 이메일이나
저자의 각종 SNS 연락처로 문의해주시길 바랍니다.**

책값은 뒤표지에 있습니다.
파본은 구입하신 서점에서 교환해드립니다.

같이 읽으면 좋은 책들

부동산 정책 분석
시장을 이기는 정책은 없다

부동산 정책을 알면 시장이 보인다!

WHY & HOW
부동산 정책,

신방수 세무사의
신축·리모델링 건축주 세무 가이드북

토통령의
답이 정해져 있는 땅 투자

살 사람은 이미 정해져 있다

당신도 5년 안에
100억 부동산 부자가 될 수 있다

대박나는 부동산 중개
핵심 공인중개사 실무 교육

스스로 사고파는 상위 1%
토지 투자 비밀 과외

공인중개사와 함께 살펴보는
부동산의 가치를 높이는 방법

똑똑한 사람들은 월세 낼 돈으로
건물주 돼서 창업한다!

부동산 공매
이렇게 쉬웠어?
경매 실무와 실전 사례

부동산 공매
이렇게 쉬웠어?
알기 쉬운 기초 공매

오피스텔 투자 바이블
35살, 35채로 인생을 바꾸다

부동산 전문 세무사, 퇴거사가 알려주는
똑똑한 절세 방법
부동산 법인이 답이다!
[실전 운영 필수 사례 편]

절세비타 이상욱 세무사의
절세의 모든 기술 부동산 법인에 있다!

투자 초보자도 쉽게 따라 하는
부동산 대출의 기술

오르는 땅은 이미 정해져 있다

토지 개발의 숨은 수익 들어보는 비법
이것이 **진짜 토지 개발**이다

초보부터 고수까지
위기의 부동산 중개 활용법
생각하는 공인중개사가 생존한다!

이제 재건축·재개발 세금이 한결 쉬워진다
신방수 세무사의
재건축 재개발 세무 가이드북
실전 편

부린이 탈출을 위한
부동산 투자입문서

대한민국 부동산 초보자가 꼭 알아야 할
돈 버는 투자의 정석

우리들의 내 집 마련 콘서트

초규제 시대,
부동산 투자의 정석

2020년 10년 서울 아파트 시장을 전망한다

빡세형 공인중개사의 부동산 투자 이야기

돈이 되는 부동산
VS
돌이 되는 부동산

부동산 투자자들이 꼭 알아야 하는 특급 비밀

신방수 세무사의

양도
소득세
완전
분석

사례로 풀어보는

지분경매

지분경매 해결 TWO 카드
= 소송＋협상

부동산 경매의 새로운 돌파사업,
지분경매의 해결 프로세스 제시

신방수 세무사의
부동산 거래 전에
자금출처
준비하라!

부동산 관리도
경영의 시대

종합관리의 실무 전문가와 부동산 학과 교수가 펴낸 책

부동산 관리와
종합서비스

신방수 세무사의
상속분쟁 예방과
상속
증여
절세 비법

김 과장도 돈 버는
셰어하우스
SHARE
HOUSE

내 생애 짜릿한
대박 상가
투자법

신방수 세무사의
주택임대사업자
등록과
절세 비법

야생화의 실전 경매 운영과 메일프로의
나는 장애를 딛고
부동산 경매로
성공했다

불황에도 매출 10배 올리는
상위
1%
공인
중개사의
마케팅
비법

GTX 시대, 부동산 투자 비법은 따로 있다!
아파트는 살고
땅은 사라

부동산 투자를 시작하기 전에 꼭 읽어야 할 실전 기술
부동산
상식을
돈으로
바꾸는 방법

해외 부동산 투자,
나는 말레이시아로
간다

MALAYSIA

투자자에게 알려주고 싶은 부동산 블루오션

당신도 건물주가 될 수 있다!
원룸
마스터

부동산
실무 法
용어사전
1,000

부자로 환승하라
머니트레인

부동산 투자, 이제는 지하철이 책임진다!

부동산 투자
인사이트

그는 어떻게
부동산
1인 창업으로
10억을
벌었을까?
부동산 투자의 숨겨진 진실!

돈 버는
주택임대
관리기법

주택임대관은
복잡한 관리업무와 경영활동이다!

10%대 수익률을 위한
최고의 부동산 재테크
P2P
투자의
정석

부동산으로 이룬
자유의
꿈

잘 키운 아파트,
직장 회사 안 무섭다!

아파트 경매,
지역 분석이 먼저다

매매 사례를
중심으로 살펴보는
대박 친
빌딩 투자의
비밀

부자가 되기 위한 부동산 요리법
정준환의
부 동 산
레시피

요리를 하는 것처럼
부동산에 익숙해져라!

초보를 위한 취업과 창업 완벽 가이드
잘나가는
공인중개사의
비밀노트

한 권으로 정리한 단기 속성 실무전략

新
명품 토지
중개 실무

다양한 사례와 함께 살펴보는 실무 노하우

돈 길 따라가는
부동산 투자

정보력과 실전 경험이 바탕이 된,
알짜 내다보는 부동산 투자 기법을 전수한다

부동산
세무
Real estate
Tax
Guide Book
가이드북
실전편

2019

개념부터 쉽게 배우는 부동산 필수 상식
돈 되는 부동산은
따로 있다

지식산업센터 투자 실전 편
부동산 투자,
아파트형
공장이
틈새다

2달 만에 월세 200만 원 받는
월세 부자
레시피

이때 당신도 부자가 될 수 있다!

직장인들도
쉽게 따라할 수 있는
新
부동산 공매
가이드북

실전편

양도·증여·상속의 모든 것
기막힌
부 동 산
절 세 의
비 밀

생활 속의 세금 상식을 담은
절세 필독서

부동산
매매임대사업자
Real estate
Business
Tax
Guide Book
세무
가이드북

실전편

나는
부동산 투자로
파산자에서
100억 부자가
되었다

지분경매,
공유지분,
독점경매

남들과 경쟁하기 싫고,
혼자 전부 독식하고 싶다

이것이 진짜
성공 경매다

부동산 전문 아나운서의 재테크 실천법
결혼은 **선택**이지만
부동산 투자는 필수다
부동산이란 평생을 보살펴주는
인생 파트너가 된다
각각 적절한 부동산 공략으로
안정된 미래를 설계하라

수익형 부동산 건축과 재테크 투자 비법
헌집 살래 새집 살래
건축물을 알면
일파 부동산이 한눈에 보인다!

부자 되는 주택 임대사업
현장과 이론 아무것도 두 가지의 실전한 조화
주택 임대사업의 모든 것을 알려준다
이제 대세는 수익형 부동산이다
평생 돈 걱정 없이 사는 월세 부자 되기!

돈 버는 공인중개사는 **따로 있다**
남다른 영업력과 협상력까지 갖춘
수익을 창출하는 부동산 정보 노하우

전세가를 알면 **부동산 투자**가 보인다
시장 심리를 파악하면, 투자 흐름이 보인다!
부동산 가격 변화의 비밀 '입지, 전세, 정책'

서울시 공정경제과 주무관이 알려주는
부동산 거래와 판례
부동산 현장에서 가장 안전한 방법 판례 답사로
재테크와 고민고 고비커지 무릎 잡았다!

스타들의 부동산 재테크
스타들의 사생활보다 더 궁금한
그들만의 부동산 투자
스타가 좋아하는
부동산은 따로 있다?

지분 경매로 토지 개발업자 되기

부동산 재테크 역세권이 답이다

세무사 30년이 알려주는
세무조사 대비의 모든 것
어느 만큼 보이는다!

주택 연출가 무조건 따라하기

커피 한 잔 값으로 초대형 오피스 주인 되기
리츠 얼리어답터

고수익을 안겨주는
블루오션 토지 경매
신의 한 수 금맥 경매
경기 불황에도 인기를 발휘하는 투자 기법 경매
토지 경매로 금맥을 캐다!

주택 아파트 세무 가이드북 실전편

권리분석 완전정복으로
10년 안에 10억 벌기
위험한 경매 시장에서 안전하게 살아남는 비법
"치열한 경쟁에서 투자 성공률을 높여라!"

고수가 실천하는 땅 투자의 모든 것
대한민국을 움직이는 땅 투자 법칙 100
땅 부자 입주민: 필요가 권력! 돈되는 변화다 되는다,
땅이 미래다. 땅과 부동산은 창으로 봐야한다

흔한 직장인의 흔하지 않은 투잡 경매 성공기
돈의 보감

평범한 샐러리맨, **투잡 경매**로
5년에 10억 벌다
경매도 재테크하고
NPL로 두 번째 월급 받다

나는 갭 투자로 300채 집주인이 되었다
아파트 300채 부자
박정수가 공개하는
화제의 투자법 대공개!

토지 세무 가이드북 실전편
Land Tax Guide Book
"토지재에에 있어 세금컨설팅은
선택이 아니라 필수다!"

부동산 공식, 분양, 입찰, 매매를 통한
新 상가 투자 보물 찾기

가치 있는 콘텐츠와 사람
꿈꾸던 미래와 현재를 잇는 통로

Tel. 02-333-3577
E-mail. dodreamedia@naver.com
https://cafe.naver.com/dodreamedia